빅픽처
BIG PICTURE
2016

빅 픽처

BIG PICTURE

2016

김윤이 | 김대식 | 박재준 | 송경희 | 신원용 | 유혜영
이보인 | 이상현 | 이재연 | 이효석 | 임동균 | 하은희 지음

생각
정원

특이점의 지형도를
파악해야 할 때

'특이점singularity'이라는 말이 있다. 이 말에는 인류의 미래에 대한 예측이 담겨 있다. 기술의 변화 속도가 빨라지면서, 지금까지 인간이 누리던 생활이 돌이킬 수 없을 정도로 바뀌는 시점이 곧 다가온다는 것이다. 과학기술 분야에서는 바로 이 변화의 시점을 기술적 특이점이라 부르고 있다.《특이점이 온다》의 저자이자 미래학자인 레이 커즈와일Ray Kurzweil의 말처럼 이 시점은 '기술이 인간을 초월하는 순간'이 될 것이다.

어쩌면 벌써부터 특이점을 운운하는 것은 섣부른 일일지도 모른다. 인류가 만든 기계기술의 인공지능이 인간의 지능을 초월했다고 생각하는 사람은 드물기 때문이다. 하지만 특이점을 좀더 넓게 해석해보자.

물리학과 수학에서는 어떤 기준을 상정했을 때 그 기준이 더 이상 적용되지 않는 지점을 일컫는 용어로 사용한다. 이것을 우리가 사는 사회에 적용해보면, 특이점은 기존의 가치 혹은 기준점이 더 이상 의미를 갖지 못하고 변화를 맞이하게 되는 순간이라고도 할 수 있을 것이다.

빅 픽처 프로젝트를 진행하면서 집필진과 2016년의 핵심 이슈에 대해 논의를 거듭했다. IT분야뿐 아니라 경제와 교육, 미디어와 정치, 의학과 환경 등의 영역에서 도출된 핵심 이슈에는 공통점이 하나 있었다. 앞서 재정의한 특이점의 속성들이 내재되어 있다는 점이다. 2016년의 핵심 이슈에 담긴 특정 어젠다들은 기존 가치의 지형을 무너트리고 기준점을 새로이 설정하기를 요구하는 혁신적인 것들이었다.

집필진이 각 분야에서 뽑은 2016년 대한민국이 주목해야 할 이슈들을 살펴보자. 첫째, 기술의 발전이 경제 생태계를 급변시키고 있다. 소비 패턴이 PC에서 모바일로 이동하면서 개인 맞춤형 서비스가 각광을 받을 것이라고 집필진은 예측한다. IT와 금융의 융합이라 할 핀테크는 금융 패러다임의 전환을 이끌 것이고, 자율주행차와 드론의 상용화는 인간이 기술에 본격적으로 의존하는 무인無人시대를 예고하고 있다.

둘째, 기술의 특이점에 근접하면서 일어나고 있는 사회 변동이 우리의 사고방식과 행동방식에 큰 영향을 미치고 있다. 기술은 정보처리와 업무뿐 아니라 배움과 여행 등 사적인 공간까지 깊게 녹아들면서 기존 패러다임의 변화를 요구하고 있다. 우리는 무크MOOC에 접속해서 세계의 명강의를 수강하며 지식을 터득한다. 컴퓨터적 사고체계인 코딩을 학습하면서 기획자와 개발자가 협업할 것이다.

그리고 빅데이터를 통해 정보를 수집하고 분석하면서 새로운 정보를 창출할 것이고, 소셜 미디어를 통해 정보를 확산시킨다. 여행의 방법은 또 어떻게 변하고 있는가. 사람들은 온라인을 통해 숙소를 빌리거나 빌려주면서 만남과 나눔의 효용을 누리고 있다.

셋째, 2016년은 기존 사회제도의 기준을 새로이 설정하게 되는 해이기도 하다. 대한민국은 2016년에 총선을 치르고 그다음 해에는 대선을 치르게 된다. 여야는 앞다퉈 선거구제 개편과 오픈 프라이머리open primary 등 선거제도의 개혁을 이야기하고 있다. 이러한 개혁은 당략을 넘어 국민을 위한 것이 되어야 한다. 미국과 영국 행정부의 경우 행동경제학을 정책 결정 과정에 개혁적으로 활용하여 더욱 실용적이고도 효과적인 정책을 만들어가고 있다. 이번 총선도 국민을 위한 제도 개혁의 새로운 기준점이 되어야 할 것이다.

더불어 의학 발전을 위한 제도적 지원에 대해서도 새로운 시각을 가져야 한다. 기술의 시대가 본격화되고 있지만, 우리의 삶에는 여전히 기술로써 해결하지 못한 것들이 남아 있다. 신종플루와 메르스 파동을 겪어내는 과정은 인간의 무능함을 여실히 보여줬다. 의학 발전의 물리적 가속을 위한 투자가 확대되어야 한다. 제도적 지원이 필요한 또 하나의 영역이 상생과 공유를 꾀하는 사업들이다. 대기업들은 소셜벤처와 상생하며 새로운 방식의 사회공헌을 시도하고 있으며, 공동체 의식이 사라져가던 마을들은 새로운 방식으로 공존을 꾀하고 있다. 현대의 물질 만능주의와 도시화의 대안이 되는 이 어젠다들이 확산될 수 있도록 지원하는 일은 현실로 육박해오고 있는 특이점을 준비하는 일이 될 것이다.

사실, 기술이 인간을 초월하는 일은 역사 이래로 끊임없이 반복되어왔다. 예컨대 손도끼는 인간의 손보다 강력하며, 종이는 인간의 기억보다 정보를 오래 보관한다. 공업용 로봇들이 인간의 일을 대신한 것은 이미 오래전부터의 일이다. 기술의 발전이 인간을 점점 소외시키고 고립시키는 모양새다.

이러한 소외감과 고립감을 주는 것은 비단 기술뿐만이 아니다. 기존의 가치 기준에 머물고자 하는 마음 역시 우리를 고립시킨다. 기존의 가치 기준을 따라가는 일은 언제나 스스로가 뒤쳐져 있다고 느껴지게 만들기 때문이다. 이제 가치 기준의 지각변동이 본격화되려 하고 있다. 새로운 기회가 우리를 찾아온 것이다.

특이점에 이르면, 기존의 가치와 기준점이 더 이상 의미를 갖지 못하게 된다. 이것은 곧 특이점이야말로 새로운 기준을 창안해낼 수 있는 지점이자 무엇이든 가능한 지점이란 뜻이다. 그렇기 때문에 특이점의 순간들을 파악한다는 것은 곧 잠재적인 힘이 장차 흐르게 될 방향에 대비하는 일이 될 것이다. 이로써 우리는 변화가 가속되고 있는 시기에 주도적인 인간으로서 살아갈 힘을 얻게 된다.

재차 강조하지만, 특이점을 전후로 기존의 가치는 크게 바뀌게 될 것이다. 기준점의 이동을 바라보고만 있게 될지 아니면 스스로 기준을 만들어가게 될지는 머지않아 다가올 장래부터 차근차근 준비해나가는 과정에 따라 결정된다. 미래를 자신의 것으로 만들기 위해 세상을 내다보는 큰 그림, 즉 '빅 픽처'를 그려나가야 할 이유가 여기에 있다.

2015년 11월
12인의 필진을 대신하여, 김윤이

빅 픽처 2016

BIG PICTURE

2부 특이점과 마주한 사회

빅 픽처

BIG PICTURE

2016

1부

경제 생태계를 바꾸는 특이점

기술

무인시대를 여는 프런티어

자율주행차와 드론을 통해 미리 보는 무인시대

비행기가 날아다니는 고도를 훌쩍 넘은 20킬로미터 상공. 직경 15미터에 이르는 대형 풍선이 떠다닌다. 이 풍선에는 통신 장비가 연결되어 있다. 무엇을 위한 것일까? 이것은 프로젝트 룬Project Loon의 일환으로 구글에서 띄운 풍선들이다. 지상의 집에 안테나를 설치하면 풍선에 연결된 통신 장비와 송수신을 하며 인터넷에 연결할 수 있다. 풍선은 여러 개가 있어서 대류에 의해 한 풍선이 이동하더라도 다른 풍선이 그 자리를 대신하게 된다. 이런 원리로 전 세계 누구나 지속적인 인터넷 서비스를 받을 수 있다.

지금 하늘을 나는 무인비행체는 이것이 전부가 아니다. tvN에서 방송되었던 예능 프로그램 〈꽃보다 할배〉에서 아름다운 항공 영상을 선사해준 헬리캠, 육로로 닿지 않는 네팔 지진 현장을 수색한 드론, 허리케인 내부에 접근해 기상 정보를 실시간 전송한 미국 무인기 에어로손데Aerosonde 등 우리에게 익숙한 것만도 여럿이다. 국내 건설업체도 공정 진행 정도를 파

악하고 안전 정보를 수집하는 데 드론을 활용하고 있고, 불법 어업 감시나 산림 병충해 탐지, 산불 감시에도 드론 사용이 활발해질 것으로 전망된다.

변화는 땅 위에서도 이루어지고 있다. BMW · 볼보 · 현대자동차 · 벤츠 · 도요타 등 주요 자동차 제조업체들은 빠르면 2020년, 늦어도 2025년을 목표로 자율주행차를 상용화하려는 중이다. IT회사 구글은 2010년에 자율주행차를 선보이며 상용화에 앞장서고 있고, 최근 애플도 실리콘밸리 부근에 자율주행차 시험운행을 위한 장소를 물색 중이라는 보도가 있었다.

운전과 주차에서 자유로워지면, 사람들은 출퇴근 시간에 차 안에서 커피를 마시고 메일이나 뉴스를 읽거나 쇼핑을 할 수 있게 될 것이다. 이번 장에서는 지금 우리가 그러한 시대에 얼마큼 근접해 있는지, 이러한 일이 현실되기 위해 필요한 기술은 무엇이며 이에 따른 문제는 없는지 알아볼 것이다.

무인시대, 어디까지 와 있나?

| 인간능력의 확장: 드론 |

무인unmanned시스템은 본래 군사적 목적을 위해 개발된 기술이다. 드론이나 무인잠수정 등을 떠올려보라. 미 국방성의 '무인시스템 통합로드맵'에 따르면 무인시스템은 몇 시간 혹은 며칠을 한곳에서 정찰하거나 주변을 모니터링하는 등의 지루한dull 일에 적합하다. 또한 화학적 오염 탐지 등의 더러운dirty 일이나 핵이나 원자력에 노출될 수 있는 위험한dangerous 일을 인간을 위험에 덜 노출시키면서 수행할 수 있다. 즉 힘들고 어려운 일을 하게 하거나 사람이 할 수 없는 새로운 영역을 개척하고자 시작된 것이다.

'드론'이라는 이름 역시 군사적으로 개발된 무인비행체UAV: Unmanned Aerial Vehicle에 붙여진 것이다. 드론drone은 사전적으로 '수컷 꿀벌의 윙윙거리는 소리'라는 의미를 지니고 있는데 무인비행체에서 나는 소리가 이와 비슷해서 드론이라는 이름을 붙인 것이라고도 하고, 드론의 선구 모델이 된 영국의 UAV 이름이 여왕벌Queen Bee인 것에 대한 경의 표시로 미국 해군의 UAV에 숫벌drone이라는 이름을 붙였다는 설도 있다. 이렇게 군사용으로 쓰이는 모든 무인비행체를 의미했던 드론은 최근 민간 수요가 늘어나면서 주로 소형 무인비행체를 일컫는 것으로 쓰이고 있다.

국내 항공법은 2012년 개정을 통해 무게 150킬로그램 이하를 무인비행장치로, 150킬로그램 이상은 무인항공기로 구분하고 있다. 12킬로그램 이하는 신고가 면제되지만 12킬로그램을 초과하는 무인비행

▲ 드론의 선구 모델이 된 영국의 무인비행체 '여왕벌'. 군사용으로 쓰이는 무인비행체를 의미했던 드론은 최근 소형 무인비행체를 일컫는 의미로 많이 쓰인다.

장치에 대해서는 신고 의무를 부여하고 조정 자격제, 기체 검사, 비행 승인, 안전 감독을 실시하고 있다. 소형 무인비행장치는 비료·농약 살포·씨앗 뿌리기 등 농업 부문에서나 사진촬영·관측·탐사 등의 목적으로만 사용할 수 있다. 150킬로그램 이상은 군사적 목적으로만 활용할 수 있으며, 상업적 활용은 아직 허용하지 않고 있다. 신고된 무인비행장치는 2010년 144개, 2014년 364개였으나 2015년 7월에는 716개에 달해 반년 만에 거의 두 배로 늘었다. 저가의 중국산 보급형 모델이 대량 공급되어, 신고 대상이 아닌 드론은 1만 대가 넘을 것이라는 추산도 나오고 있다. 소형 드론에서 현재까지 가장 많이 쓰이는 기능은 카메라를 탑재하여 영상을 촬영하거나 모니터링하여 정보를 전송하는 것이다. 2015년 1월까지 신고된 드론 가운데 60퍼센트는 사진촬영용, 나머지는 대부분 농업지원용이다.

앞으로 드론의 기능은 더욱 확대되어갈 것이다. 한국 정부도 2015

년 말까지 5개 시험비행지역과 참여사업자를 선정하여 야간비행이나 인구 밀집지역을 비행할 때의 드론의 안전성을 검증하는 시험을 하겠다는 계획이다. 화재진압, 유해물질 유출탐지, 재해피해 확인, 불법조업 감시 등을 할 수 있는 재난용 드론도 개발하겠다고 발표했다. 150킬로그램 이상 무인항공기의 경우에도 민간 활용에 대비하여 제도화 방안을 만들어가겠다는 계획이다. 미국 연방항공국FAA은 25킬로그램 이하의 소형 드론에 대하여 공공 활용, 상업적 활용, 개인 취미용으로 구분하여 비행을 승인하고 있다. 2015년 2월부터 FAA 허가를 받아 기업이 드론을 상업적으로 활용할 수 있도록 한 조항section 333 exemption이 발효된 후, 7개월 만인 9월 말 현재 1,742개 업체가 허가를 받았다. 아마존이 드론 택배 서비스 시험운행을 시작했고 알리바바, DHL, 도미노피자 등도 준비하고 있다고 한다. 미국가전협회CEA는 소형 드론 판매대수가 2014년 25만 대에서 2018년 100만 대로 늘어날 것으로 전망했다. FAA도 농업·레저·운송 등 민간 분야 활용이 확대되어 2020년에 미국에서만 상업용 무인기가 1만 대 이상 운용될 것으로 예측했다. 하지만 세계 시장을 60퍼센트 이상 차지하고 있는 중국 DJI테크놀러지가 2014년 한 해 동안 40만 대의 드론을 판매한 실적을 볼 때 드론 활용은 전망 수치보다 더 빠르게 늘어날 것으로 보인다.

정밀농업precision farming도 드론의 대표적인 활용분야로 부각되고 있다. 센서 등을 이용해 농지의 정보를 수집한 뒤 이를 분석하여 내린 처방에 따라 농약·비료 등의 농자재를 투입하는 것으로, 비료와 농약 사용량을 줄이고 생산성을 높이는 농업 방식이다. EU 보고서는 정밀농업이 단위 면적당 용수 사용량의 25퍼센트를 절감할 수 있다는 분석을 담았

▲ 드론은 정밀농업에도 활용되고 있다. 2025년에는 민간무인기 시장의 80퍼센트를 정밀농업용 드론이 차지할 것으로 전망된다.

다. 국제무인시스템협회AUVSI는 정밀농업을 통해 4분의 1에서 8분의 1까지 비용 절감이 가능할 것으로 분석했다. AUVSI는 카메라와 근적외선 센서 등을 부착하여 농작물 방제와 병충해 예측, 대기 및 토양 분석 등의 작업을 수행하는 정밀농업용 드론이 2025년에 민간무인기 시장의 80퍼센트를 차지할 것으로 내다봤다. 농촌인구 감소와 고령화를 극복하고 농작물의 생산성을 향상시키기 위해 드론의 사용이 확대되리라는 것이다.

도로 위의 생활공간
| 자율주행차 |

자동차업계에서 자율주행차는 스마트 자동차의 개념에서 출발했다. 기계 중심의 기술에 전기·전자·정보통신 기술을 융합하여 교통사고를 획기적으로 줄이고 탑승자의 만족을 최대한 높이려는 것이다. 자율주행의 정도는 주로 미국 도로교통안전청의 기준에 따라 0단계에서 4단계까지 다섯 개의 단계로 구분하고 있다. 0단계가 오로지 운전자에 의해 통제되는 것이라면, 3단계는 제한된 조건에서의 자율주행, 4단계는 운전자 조작 없이 자동차가 100퍼센트 스스로 움직이는 상태를 의미한다. 치열한 기술경쟁을 벌이고 있는 선진 자동차 회사들은 현재 2단계에서 3단계로 나아가는 중이다. 2단계는 핸들 및 브레이크의 자동조작 등 두 개 이상의 자율주행 보조시스템이 적용되지만 기본적으로

▲ 구글은 운전자가 필요 없는 자율주행차 개발을 진행하고 있다. 이 프로젝트를 통해 사람들에게 자유시간을 확보해주고 교통사고와 탄소가스 배출을 줄이는 것을 목표로 삼고 있다.

는 사람이 운전하는 단계다. WHO에 따르면 세계적으로 차량사고 사망자 수는 연간 124만 명에 이르고 이중 90퍼센트가 전방 주시 태만, 졸음운전 등 운전자 과실이 원인이다. 에너지 시장 조사기관 KPMG는 자율주행차가 충돌사고의 90퍼센트 이상을 줄일 것으로 예측했다. 미국 자동차 협회AAA에 의하면 자동주차는 주차장 내 충돌사고의 81퍼센트, 주차시간의 10퍼센트, 주차공간의 37퍼센트를 줄여줄 수 있다고 한다.

한편 2009년, IT회사인 구글은 처음부터 운전자가 필요없는 자율주행차 개발 프로젝트에 착수했다. 미국 국방고등연구계획국DARPA의 무인자동차 경주 프로그램인 그랜드 챌린지의 우승자들을 영입하고, 도요타 프리우스·아우디 TT·렉서스 RX 등에 위성위치확인시스템GPS·방향표시기·360도 회전 카메라와 구글 쇼퍼Chauffeur라는 소프트웨어를 탑재하여 구글카를 만들었다. 또한 핸들·브레이크·엑셀레이터가 없는 플릿fleet 등 무인차 프로토 타입을 선보여 2012년에는 네바다 주에서,

2014년에는 캘리포니아 주에서 허가를 얻어 시험운행을 계속하고 있다. 2012년 시각장애인을 운전석에 태우고 시험운행을 마쳤고, 현재도 구글의 직원 10여 명이 본사가 있는 마운틴뷰에서 구글카로 출퇴근을 한다고 한다.

주요 선진국 가운데 자율주행차의 정식 판매와 운행을 법적으로 허용한 나라는 아직 없다. 미국은 네바다·캘리포니아 등 다섯 개 주에서, 영국은 브리스톨·그리니치 등 런던 근교 네 개 지역에서, 일본은 전용 번호판을 발급하여 시험운행을 허용하고 있는 단계이다. 독일은 2016년부터 아우토반의 A9(뮌헨~베를린) 구간에서 시험운행을 허가할 예정이다. 한국도 2015년 8월에 공포된 자동차관리법에 "자율주행자동차란 운전자 또는 승객의 조작 없이 자동차 스스로 운행이 가능한 자동차"라는 정의와 관련 규정을 신설하고 시험·연구를 위해 국토교통부 장관의 임시운행허가를 받을 수 있도록 하였다. 국제협약도 자율주행차 개발 추세를 반영하여 현 규정을 개정하려는 논의가 진행 중이다. UN 규정의 경우 운전자가 주된 제어를 하지 않는 자율조향 시스템은 안전성을 확신하기 어렵다는 이유로 불허하고 있고, 제네바 도로교통협약은 반드시 운전자가 자동차를 조작하고 속도를 조절하도록 규정하고 있다.

제네바 도로교통협약

국제 도로교통을 원활하게 만들고 안전을 증진시키기 위해 1949년 9월 19일에 제네바에서 채택된 조약이다. 한국은 1971년 6월에 가입하였다. 2장의 도로교통에 관한 규칙에서 '운전자는 항상 자신의 차량을 제어할 수 있어야 한다 Drivers shall at all times be able to control their vehicles'고 명기하고 있다.

혁신만이 답이다

| 현재와 미래의 시장 기회 |

모든 사람과 사물이 연결되는 초연결사회, 빅데이터, 인공지능과 무인화, 에너지와 친환경, 바이오혁명. 이것들이 현재 기술혁신의 핵심이며 다가올 미래의 키워드이다. 무인화는 인공지능, 초연결사회, 빅데이터와 모두 밀접한 관련이 있다. 200개 이상의 센서를 장착한 무인자동차는 센서로 감지한 정보와 지도를 결합해 스스로 최적 경로를 판단하여 주행하고 제어하게 된다. 상세하고 정확한 지도는 막대한 용량을 소모하며 계속 업데이트가 되어야 하므로 클라우드 방식으로 네트워크를 통해 정보와 지도를 불러다 사용하게 될 것이다. 수시로 변하는 도로 상황, 보행자 인식이 난제이므로 지도 외에도 센서를 이용한 섬세한 환경 인식기술이 필수이다. 자동차 스스로 많은 데이터를 생산하고 이는 네트워크를 통해 빅데이터화 된다. 미래창조과학부 등 9개 정부 부처는 2015년 5월, 국가과학기술자문회의에서 '무인이동체 기술개발 및 산업성장 전략'을 발표했다. 드론·자율주행차·수중 무인체 등 이동성과 무인화가 결합된 무인이동체 산업의 필수적인 성장요건인 기술개발과 실증 인프라 마련, 관련 법제도 정비와 필요한 주파수 공급을 추진하여 무인시대의 경쟁력을 확보하겠다는 계획이다.

원격조정을 넘어 인공지능과 결합되고 네트워크에 연결된 드론·자율주행차 등 무인이동체는 기존 게임의 룰을 바꾸는 게임 체인저이다. 2013년 한국 자동차산업협회에 따르면 한국은 연 452만 대를 생산하

▲ 3D프린터로도 차를 만들어내는 새로운 시대는 기존 업체들의 혁신을 자극하고 경쟁을 가속화한다. 사진은 3D프린터로 만든 차와 그것의 도안.

는 5위의 자동차 생산국이고 현대·기아차는 세계 자동차 메이커별 판매순위에서 5위를 차지하고 있다. 앞으로 자동차는 친환경화되고, 무인화되고, 네트워크화될 것이다. 3D프린터로도 차를 만들어낸다. 차 제조기술, 운전자의 만족도를 경쟁력으로 삼았던 전통적인 시장과는 전혀 다른 시장이다. 기존 선두 그룹들이 앞으로도 시장을 이끌 것인가? 세계 유수의 자동차 제조사들도 이제 새로운 게임의 룰을 주도해가는 회사가 되지 않고는 생존할 수 없다는 위기감을 드러내고 있다. 기존 자동차 제조업체들은 구글 같은 IT회사가 구글 스트리트 뷰와 같은 지도에 수십 개의 고가의 레이저 빔을 결합해 자율주행차 운행을 하는 것에 대해 불편한 심기를 드러내기도 하고, 시험운행 중 일어난 10여 차례의 사고를 이유로 안전성을 문제 삼기도 한다. 최근 KT도 국내의 자동차 제조업체와 협력하여 자율주행차를 개발하고 있다고 발표했다. IT회사의 타 영역으로의 확장은 기존 업체들의 혁신을 자극하고 경쟁을 가속화한다.

최근 급격하게 발전하고 있는 인공지능도 무인화를 촉진하고 있다. 애플 공동창업자인 워즈니악은 2015년 9월 18일 판교창조경제혁신센터에서 열린 강연에서 "내가 25세라면 무인차에 쓰일 인공지능 기반의 영상처리 칩을 개발하고 싶다"라고 했다. 그동안 인공지능은 인간보다 계산능력은 월등하지만 코딩된 정보만을 제한적으로 인식하는 데 그쳐 인간처럼 판단하고 추론할 수 없었다. 수십 년간 더디게 발전해 왔던 인공지능은 사람의 뇌를 모방한 인공신경망을 이용해 기계로 하여금 지속적으로 배우게 하는 딥 러닝 방식으로 어두운 터널을 벗어났다. 여기에 배우고 분석할 수 있는 빅데이터와 이를 처리할 수 있는 수퍼 컴퓨팅이 뒷받침되어 지난 2~3년간 급격히 발전하는 중이다. 주인공인 남성이 감성과 심리까지 사람을 닮은 여성형 인공지능 프로그램과 사랑을 나누는 영화 〈그녀Her〉(2013)는 인공지능에 대한 일반인들의 관심을 불러일으켰고, 뒤이어 기계가 인간처럼 생각하는지를 알아보는 튜링 테스트를 통과한 최초의 컴퓨터 '유진 구스트만'이 등장했다. 최근 세상을 놀라게 하고 있는 IBM의 인공지능 컴퓨터 왓슨은 해당 분야의 막대한 빅데이터를 분석하여, 기업이나 금융가에게는 컨설팅을 해주고 의사에게는 암 진단 및 치료 방법을 제시하며 일상에서는 기존 레시피를 분석하여 새로운 요리법을 제안한다. 미래 관련 기술을 가진 기업을 일주일에 평균 한 개씩 인수한다는 구글은 2014년에

튜링 테스트

전산학과 정보공학의 아버지라 불리는 튜링은 "인간이 자신이 기계와 이야기하는지 혹은 사람과 이야기하는지 분간할 수 없다면 컴퓨터가 지능을 가지고 있다고 보아야 한다"라고 주장했다. 이에 따라 그가 제안한 테스트를 튜링 테스트라 한다. 한 명의 질의자가 두 명의 응답자에게 질문을 한다. 응답자 중 하나는 인간이고 다른 하나는 컴퓨터. 키보드로만 이루어지는 응답을 가지고 질의자가 어느 쪽이 컴퓨터인지 판단을 하는데, 판단에 실패하면 컴퓨터는 테스트를 통과하게 된다.

딥 마인드Deep Mind라는 영국의 작은 스타트업을 포함해 인공지능 및 로봇 관련 기업을 15개 이상 사들였다. 이미지 인식기술은 언어보다는 이미지가 압도적으로 많은 빅데이터를 이용한 딥 러닝에서 핵심이 될 수밖에 없으며, 자율주행차나 드론에서도 장애물 인식을 위해 필수적이다. 중국의 바이두도 2014년부터 딥 러닝을 기반으로 한 자율주행차 개발에 들어갔고, 2015년 미국에서 열린 이미지 인식기술대회에서 바이두의 수퍼 컴퓨터가 구글이나 MS 제품보다 인식오차율이 낮아 더 우수한 평가를 받았다는 내용이 언론에 소개되기도 했다.

2015년 8월, 퀄컴이 드론용 칩 제조에 합류한다는 보도가 있었다. 영상처리 · 내비게이션 · 통신 등 드론의 주요 기능을 하나의 칩으로 제공할 수 있는 기술을 가진 퀄컴의 드론 시장 진입 소식에 경쟁사인 드론용 반도체 제조사들의 주가가 폭락했다. 2006년 홍콩 과학기술대학 대학원생이던 프랭크 왕이 설립한 스타트업 DJI테크놀러지는 소비자가 쉽게 조작할 수 있는 드론인 '팬텀'을 출시해 드론의 대중화를 이끌며 자산 가치 10조 원의 회사로 성장했다. 미래학자 토머스 프레이 다빈치연구소장은 "내가 이십대라면 드론을 이용한 사업에 뛰어들어 드론으로 물건을 집 앞까지 배달하는 방법을 개발하고 싶다. 스웜봇(swam-bot, 초소형로봇 무리)과 소형 드론을 이용해 집을 짓거나 지붕을 새로 올리는 무인건설사업도 잠재력이 크다"라고 밝혔다. 한국과학기술정보원KISTI은 미래의 가장 유망한 중소기업 기술로 무인항공기 기술을 꼽았다. 현재는 소형 드론 시장이 취미용 위주이나, 앞으로는 배터리 · 모터 · 프로펠러의 성능 향상과 인공지능과의 결합을 통해 다양한 기능을 하는 드론이 등장할 것이며 이를 위한 기술력 경쟁이 치열해질 것으로 예상되고 있다.

▲ 2015년 8월 한국항공우주연구원은 성층권 무인항공기의 시험비행에 성공했다. 유인기 시장에서 한국은 아직 후발주자이지만, 이제 태동 중인 무인 시장에서는 상황이 다르다.

국방기술품질원에 따르면 한국의 무인항공기 기술력은 세계 7위이다. 유인기의 경우 날개가 고정된 고정익이 13위, 헬리콥터 같은 회전익이 11위인 것에 비해 높은 수치이다. 그동안의 군사용 무인기 개발 기술력 축적, 헬리콥터처럼 수직으로 이착륙을 하고 비행 때는 고정익처럼 고속 비행하는 틸트로터tiltroter의 개발 등이 반영된 결과로 보인다. 2015년 8월에 한국항공우주연구원KARI은 지상 14.2킬로미터 성층권에서 태양광 에너지로만 9시간여를 머물 수 있는 무인항공기의 시험비행을 마쳤다. 정부는 무인항공기의 선진 기술력과 IT 역량, 그리고 모터·배터리·카메라 등 국내 부품 기업의 경쟁력을 소형 드론에 접목해 새로운 시장 기회를 열어가겠다는 계획을 세웠다. 보수적인 유인기 시장에서 한국은 후발주자로서 한계가 많지만, 이제 태동 중인 무인 시장에서는 얘기가 다르다.

조금 더 먼 미래의 무인 시장에서는 드론과 자율주행차가 협업하거나 하늘과 땅, 바다를 종횡무진할 수 있는 겸용이동체 등 다양한 형태가 나올 것이다. 프랑스 르노 사는 드론이 내장되어 있는 오프로드 자동차를 제시했다. 가시권 밖의 장애물이나 도로 상태를 드론이 날아가 파악하고 정보를 바로 자율주행차에 전달하여 최적경로를 수정하게 할 수도 있을 것이다. 미국 국방고등연구계획국은 육상과 항공의 무인이동체가 필요에 따라 합동임무와 개별임무를 수행하도록 하는 프로그램을 이미 진행 중이다. 고령화·개인화·도시화·저탄소화 되어가는 미래사회 수요가 반영된, 경차보다 작은 1~2인승 친환경 자율주행차의 등장도 예상된다. 자율운항이나 충돌회피 등 무인이동체 기술에 자동차와 유인기의 승객 안전 기술을 접목한 도어 투 도어door to door 승객용 무인기 PAVPersonal Aerial Vehicle 역시 출현이 예상되는 제품이다.

혁신을 위한 도전적인 과제들
| 기술과 제도의 개발과 정비 |

자고 일어나면 변해 있는 것 같은 기술 발전 속도에 '미래는 우리가 생각한 것보다 빨리 오고 있다'는 말이 실감나는 요즘이다. 완전 자율주행차가 대중화되는 시기를 매킨지는 2035년 이후로 예측했으나, 최근 들어 업계나 전문기관에서는 자율자동차가 생각보다 빨리 우리 일상에 들어올 것이라고 예상하는 듯 보인다. 2015년 9월에 벤츠의 디터

▲ 드론을 취미용 이상으로 사용하기 위해서는 성능 향상을 위한 기술개발이 필요하다. 사진은 드론 시장을 장악한 DJI테크놀러지의 창업자 프랭크 왕.

제체 회장도 무인차 시대가 30년 뒤가 아닌 생각보다 가까운 미래에 열릴 것이라고 언급했다. 테슬라는 2018년에, 도요타는 2020년에 자율주행차를 상용화하겠다고 선언했다. 하지만 기술적으로 도전적인 과제가 여전히 많다. 우선 차량 자체를 보면 레이더 등 최첨단 센서는 너무 비싸고 컴퓨터 연산장치의 신뢰성은 아직 부족하다. 구글카의 지붕에 장착된 레이저 스캐너의 가격은 약 8,000만 원이고, 그 외 센서까지 포함하면 약 1억 6,000만 원으로 센서가 차량 가격보다 비싸다는 이야기가 나온다. 이번에는 인프라 측면을 보자. 차량의 정확한 위치 측정에 필수적인 위성항법장치GPS 좌표의 위치 오차가 약 10~15미터로 정밀도가 낮고, 수치 지형도에는 차선이 표시되어 있지 않다. 이에 대해 정부는 오차가 1미터 이내로 줄어든 GPS 위치 보정 정보를 2018년까지 전국적으로 송출하겠다는 계획이다. 또한 자율주행차 제조업체의 도로 시험운행 계획과 연계하여 허가 노선의 차선 정보가 제공되는 정밀 수치 지형도를 제작하여 공급할 예정임을 밝혔다. 수 킬로미터 밖

도로 상황을 인지하는 것은 센서와 레이더만으로는 부족하고 차량과 차량 간, 차량과 도로 간 통신이 가능한 인프라가 구축되어 있어야 한다. 차량 간격 유지를 위해서는 도로면 레이더를 통해 전방 교통상황 등 실시간 도로 교통정보를 차량에 제공하는 인프라도 구비해야 한다. 네트워크에 연결된 자율주행차와 드론, 로봇은 움직이는 모바일 기기 같을 것이다. 지도정보, 도로와 차량 간 정보, 레이더와 센서가 수집한 많은 정보를 실시간으로 처리하여 판단하고 제어하기 위해서는 효율적인 알고리즘을 개발해야 하며, 이를 작은 칩에 구현하는 기술적 과제도 극복해야 한다. 이를 위해 IBM·퀄컴 등은 사람의 뇌가 정보를 처리하고 학습하는 구조와 유사하게 만든 인공지능을 알고리즘이나 반도체 칩에 구현하는 신경모사 컴퓨팅 기술을 개발하고 있다.

드론은 이미 하늘을 날아다니고 있지만, 취미용을 넘어 농업·인프라 관리·공공 업무 등 임무수행용 모델을 만들기 위해서는 성능을 대폭 향상시켜야 한다. 항시성을 갖고 임무를 수행하기 위해서는 바람에 견디는 내풍 능력의 향상, 비행속도과 체공시간의 증가, 영상 안정화 기술 등이 필요하다. 예를 들어 현재 배터리의 경우 리튬 이온 폴리머 셀을 여러 개 연결하는데, 각 셀이 완전 방전될 경우 부풀림 현상이 발생하는데도 배터리 셀 간의 사용량을 조절할 수 있는 관리회로가 없어 표기용량의 50퍼센트 정도만 사용하는 것이 일반적이다. 이를 해결하기 위해 배터리 관리회로와 완전 방전되기 전에 회로를 차단하는 보호회로를 넣어 체공시간을 늘리는 방법도 필요할 것이다. 또한 무인기가 유인기의 공역에 진입하게 될 경우를 고려해 충돌 감지와 회피 기능의 강화도 필수적이다. FAA는 2014년 2월부터 9월까지 여객기가 드론을

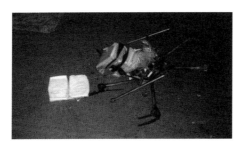

▲ 멕시코 티후아나 지역 슈퍼마켓 주차장에 추락한 드론은 마약을 싣고 있었다. 이러한 역기능을 대비한 제도도 마련해야 한다.

발견했다는 신고가 193건 있었으며, 이 가운데 25건은 충돌 직전까지 갔다고 밝힌 바 있다. 드론 택배 서비스의 경우도 기술적 문제 외에 드론이 시계를 벗어나 비행할 수 없다는 제도적 한계, 드론 배달이 어려운 아파트 중심의 주택 구조를 고려한 해결책이 있어야 서비스가 현실화될 수 있다.

혁신적인 신기술이 등장하면 인류에게 오히려 해악을 가져올 수 있는 역기능의 문제로 논란이 불거진다. 제재가 없다면 드론으로 무엇이든 촬영하고, 도청도 하고, 폭탄이나 불법 제품을 나를 수도 있을 것이다. 2015년 1월에 3킬로그램의 마약을 싣고 가던 무인기가 미국과 멕시코 국경지대의 수퍼마켓에 추락했고, 백악관에 상업용 무인기가 부딪혀 추락하는 사고가 발생했다. 〈워싱턴포스트〉에 따르면 2001년부터 2013년까지 418건의 군용무인기 사고가 발생했고 이 가운데 피해 규모가 200만 달러 이상인 것도 194건에 이른다. 밀라노 두오모 성당을 드론으로 불법 촬영하다가 발각된 일도 있었고, 팝가수 리한나의 저택과 앤 해서웨이의 비공개 결혼식의 파파라치 영상 촬영으로 프라이버시 문제도 제기되고 있다. 앞으로 위치측정 기술 무력화나 해킹을 통해 달리던 무인차가 위험에 빠지거나 드론이 엉뚱한 곳으로 날아가 부딪치는 일도 일어날 수 있다. 무인시대에 일어날 수 있는 다양한 역기능에 대한 분석을 바탕으로 사생활 침해나 사고와 추락, 테러 가능성에 대비한 기술과 제도를 철저히 개발하고 정비해야 한다.

인류를 위한 무인시대인가?

| 테크놀러지와 비즈니스를 넘어 인간 가치를 실현하는 무인시대를 그리며 |

인류 역사상 최초로 자동차가 도로를 달리기 시작한 지 100여 년만에 사회경제에 광범위한 변화를 가져올 자율주행차 시대가 오고 있다. 홍성욱 서울대 교수는 자동차 산업은 개별 기술로 이루어진 것이 아니라고 말한다. 디자인, 핵심부품 생산과 조립, 도로 건설과 교통체계 정비, 장·단기 국토개발 계획, 주택구조 등 수많은 제도와 인적 자본이 얽혀 있는 시스템이다. 현대 산업사회의 일자리 가운데 20퍼센트가 자동차 시스템을 만들고 유지하는 데 필요한 것이라고 보는 의견도 있다. 새로운 기술은 사회의 역학구조를 바꾸고 바뀐 구조는 다시 기술발전에 영향을 미칠 것이다. 예를 들어 물류운송 시스템에 많은 변화가 있을 것이다. 대리운전사나 택시 및 트럭 운전사도 불필요하게 되고, 차량보험도 운전자 책임보다는 자동차 회사의 제조물 책임 비중이 커질 것이다. 원하는 시간에 불러 쓰면 되고 나머지 시간은 다른 사람들이 활용해도 되므로 소유보다는 공유하는 방향으로 갈 것이다. 현재 차량

의 1~10퍼센트만 있으면 모든 사람들이 쓸 수 있을 것이므로 자동차를 둘러싼 많은 산업과 도로구조, 주택과 빌딩구조에 커다란 변화가 올 것이라는 예측도 나오고 있다.

무인시대가 온다면 산업구조와 일자리에서 대규모의 변화가 일어날 수밖에 없다. 유엔미래보고서는 사람과 달리 무인차는 끼어들기, 졸음운전, 음주운전, 추월 등을 하지 않고 좁은 도로에서도 정확히 달릴 수 있으므로 현재의 16차선을 4차선으로 줄여도 교통체증이 감소되어 이동시간이 줄어들 것으로 예측했다. 물론 모든 차량·인프라 등 완전한 자율주행 상황이 구현되었을 때 가능한 이야기이다. 구글 측은 구글카 사고 논란에 대해 교통규칙을 지키도록 프로그램화되어 있는 자율주행차와 달리 일반 차량이 규칙을 지키지 않아 사고가 나거나 교통체증이 일어났음을 피력한 바 있다. 도로를 달리는 대부분의 차가 자율주행차로 바뀌기 전에는 이런 문제들이 계속 발생할 것이다. 테슬라의 CEO이자 영화 〈아이언맨〉의 모델로 알려진 엘론 머스크가 '인간이 운전하는 것이 불법인 시대가 올 것'이라는 파격적인 말을 한 것도 이런 맥락이 아니었나 싶다. 자율주행차가 사람이 하는 일을 대체하는 측면이 부각된다면, 드론 활용은 그동안 사람이 하지 못했거나 하기 어려웠던 일을 해줌으로써 사람의 능력을 확장하는 측면이 많이 강조된다. AUVSI는 미국 내 무인항공기 보급으로 2015~2025년간 일자리가 10만 개 생성되고 821억 달러의 경제효과가 있으리라는 분석을 내놓기도 했다. 농촌 노동력 감소와 고령화로 오는 식량문제를 해결하는 유효한 방안으로 드론과 무인트랙터, 무인 제초기 등을 활용한 농업의 무인·자동화가 부상하고 있기도 하다. 무인화가 진행되면서 산업구조가 재편되어 통상적이고 틀에 박힌 일을 하는 자리는 감소하고 무인이동체 제조와 애플리케이션 개발, 운용 인력, 이동시간에 활용 가능한 컨텐츠 서비스 등의 분야에서 새로운 일자리가 창출될 것이다.

기술의 진보가 언제나 인류의 삶을 개선시키는가? 산업의 패러다임이 바뀔 정도의 큰 변화를 앞두고 제기될 수 있는 질문이다. 무인시대가 진행·심화되면서 인공지능이 가져올 변화에 대한 논란은 다양하게 촉발될 것이다. 무인시대에 대한 경계심은 드론이나 자율주행차보다는 더 먼 미래에 성숙될 인공지능 기술에 대한 두려움에서 기인하는 측면이 크다. 유엔미래보고서는 2045년에 인공지능이 인간지능을 넘어서는 특이점singularity에 도달한다고 밝히고 있다. 이 특이점을 미래학자이자 구글의 엔지니어링 이사인 레이 커즈와일은 '기술이 인간을 초월'하는 상태로, 군사학자인 피터 싱어는 '상황이 급격하게 달라져서 과거의 규칙이 붕괴되고 우리가 사실상 아무것도 모르게 되는 상태'로 정의한다. 구글 회장 에릭 슈미트는 《새로운 디지털 시대》에서 2005년에 미국의 모든 항공 전력의 5퍼센트에 불과했던 드론이 2012년에는 31퍼센트를 차지했다는 문건을 소개하며, 100퍼센트 자동화된 '무인전쟁'이 일어나는 특이점에의 도달 가능성을 이야기하고 있다. 무인화는 총기류 발명 이후 인간이 벌인 전쟁에서 일어나는 가장 중요한 변화라는 것이다. 2015년에는 킬러 로봇 개발에 대한 논란과 인공지능이 가져올 미래에 대한 빌 게이츠 등 유명인들의 부정적 견해가 언론에 빈번히 소개되기도 했다. 하지만 대부분의 전문가들은 인공지능이 인간을 지배하는 '강한 인공지능'의 시대가 올 가능성은 희박하며, 인간을 도와주는 '약한 인공지능' 구현이 현실적인 예측이라는 견해를 보인다.

기술의 진보와 산업 변화를 일으키는 가장 큰 요소는 비용절감이다. 케인즈도 언급했듯 '노동력 사용을 경제화하는 수단의 발명'은 산업의 진화 및 일자리의 변화를 가져온다. 세계적으로 이루어지는 이 거대한 흐름을 막기는 어렵다. 무인시대는 오늘도 진행되고 있는 것이다. 하지만 이 흐름이 진정 인류를 위한 방향으로 가도록 이끄는 것은 우리의 몫이다. 세계 시장에서 기술혁신으로 경쟁력을 갖추는 것은 매우 중요하다. 동시에 무인시대가 가져올 일자리 문제, 교육의 변화, 소외와 고독, 윤리 문제 등에 대한 사회적 논의를 거쳐 정책도 준비해야 할 것이다. 테크놀러지와 비즈니스를 넘어, 인류를 행복하게 하는 가치를 실현하고자 하는 세계의 의지가 중요한 시기이다.

송경희

미래창조과학부 융합기술과장. POSCO에서 교육기획을 했고 1996년 39회 행정고시로 공직에 나가 정보통신부와 방송통신위원회에서 우편·정보통신·전파·방송 정책 관련 업무를 했다. 미래창조과학부에서는 인터넷 정책과장을 거쳐 현재 나노 및 융합기술 정책을 담당하고 있다. 전남대학교를 졸업하고, 서울대 행정대학원에서 행정학 석사, 하버드 케네디 스쿨에서 공공행정학 석사, 연세대학교에서 경영학 박사학위를 취득했다.

경제

신경제가 가져온
새로운 여행법

에어비앤비를 통해 보는 공유문화

카메론 디아즈 · 케이트 윈슬렛 · 쥬드 로 · 잭 블랙

올 겨울 가슴 따뜻한 최고의 러브 스토리

로맨틱 홀리데이
the Holiday

〈사랑할때 버려야할 아까운 것들〉의 낸시 마이어스 감독

www.romanticholiday.co.kr

영국 사람과 미국 사람이 2주 동안 집을 바꾼다. 영국 시골 지역의 아기자기한 오두막집에 사는 작가와 LA의 화려한 저택에 사는 여성 CEO가 휴가 기간 동안 서로 집을 바꾸어 낯선 곳에서 현지인처럼 생활하는 것이다. 캐머론 디아즈와 케이트 윈슬렛이 주인공으로 나오는 영화 〈로맨틱 홀리데이〉 이야기다.

2006년에 나온 이 영화의 설정은 더 이상 영화 속의 이야기만은 아니게 되었다. 모바일 인터넷과 공유를 기반으로 한 서비스들 덕분이다. 스마트폰이 개발되기 전에는 컴퓨터 앞에 앉아야만 인터넷을 할 수 있었다. 하지만 몇 년 사이 모바일 인터넷 환경이 급속히 달라졌다. 이제는 누구나 손바닥만 한 스마트폰으로 사진을 찍고 길을 찾으며 메일을 보낼 수 있게 되었다. 정보 검색뿐 아니라 쇼핑에 결제까지 가능하다.

이와 함께 공유에 대한 사람들의 인식도 변화했다. 공유문화가 확산되는 이유 가운데 하나로 지목할 것은 현재 진행되고 있는 세계적인 저성장·저물가·저금리 추세다. 소득이 많이 늘지 않고 경기도 크게 활성화되지 않는 상황에서, 사람들은 자연스럽게 자신이 가진 자원이나 노동력을 동원하여 비용을 줄이려 한다. 더 나아가 추가 소득원을 마련하기 위해 애쓴다.

이러한 모바일 인터넷 기술의 발전과 공유문화의 확산 속에서 '에어비앤비'라는 서비스가 탄생했다. 사람들은 스마트폰을 통해 전세계 190개국 3만 4,000개 도시에 있는 집, 그러니까 호텔 등의 숙소가 아닌 현지인의 집을 살펴볼 수 있다. 뿐만 아니라 마음에 드는 집을 골라 집 주변 시장에서 장을 보고 요리를 하고, 동네 주민들과 친구가 되기도 하면서 현지인처럼 머물 수도 있다.

새로운 개념의 서비스는 우리에게 혁신적이고 멋진 기회를 제공한다. 이번 장에서는 이러한 서비스의 기반이 된 공유문화에 대해 알아볼 것이다. 또한 여행의 패러다임이 어떻게 바뀌고 있는지, 이러한 변화에 따라 규제 체제가 어떻게 변화해가는지에 대해서도 살펴본다.

신경제의 핵심 키워드

| 인터넷과 공유 |

요즘처럼 다양한 종류의 '경제'가 언급된 적이 있을까? 박근혜 정부가 만들어낸 신조어인 창조경제Creative Economy를 비롯해 전세계적으로 쓰이는 주문형 경제On-Demand Economy, 임시직 경제Gig Economy, 협동의 경제Collaborative Economy, P2P 경제Peer-to-Peer Economy, 디지털 경제Digital Economy, 플랫폼 경제Platform Economy, 공유경제Sharing Economy 등 신경제를 정의하고 설명하는 관점은 이루 헤아리기 어려울 정도로 다채롭다.

필자가 꼽는 신新경제의 핵심 키워드는 '인터넷'과 '공유'이다. 우리가 살고 있는, 그리고 살아갈 사회는 인터넷을 기반으로 전세계의 사람과 사물이 연결되는 사회다. 이 사회에서는 개인이 직접 활용하고 있거나 또는 활용 가능성이 높은 재화나 서비스, 공간과 지식 등을 공유함으로써 부가가치를 생산한다. 여기서 중심이 되는 것은 독점과 경쟁이 아니라 협업과 공유이며, 이를 가능하게 해주는 것은 인터넷 인프라이다. 쉽게 말하자면, 내가 가진 자산이나 제공할 수 있는 서비스를, 이를 필요로 하는 사람에게 제공하는 것이다. 서비스 및 자산의 제공이라는 개념은 인터넷이라는 더없이 적절한 도구를 만나 활발하게 현실화되고 있다.

인터넷은 '공유'의 개념에서 출발한다. 내 컴퓨터와 다른 누군가의 컴퓨터를 연결하고, 그 중간에 수많은 컴퓨터를 연결해 네트워크Network를 형성하려는 노력이 인터넷의 시작이었다. 내 컴퓨터는 하나의 네트워크에 속해 있고, 그 네트워크는 또 다른 네트워크에 연결되어 있는 것. 이른바 '네트워크의 네트워크', 즉 모든 컴퓨터를 하나의 통신망 안에 연결Inter Network하고자 한 것이 인터넷Internet이다.

인터넷은 불과 몇 년 사이 우리 사회에 많은 변화를 가져왔으며, 관련 기술 역시 엄청나게 발전했다. 인터넷을 이용해 스카이프나 카카오톡과 같은 무료 전화 서비스를 사용하게 되었고, 일반 전화 통화료도 저렴해졌다. 페이스북·카카오스토리·트위터·링트인 등의 소셜 미디어는 지인뿐 아니라 안면이 없는 많은 사람들과 언제 어디서나 의견을 공유하고 관심사를 나눌 수 있도록 하는 편의를 제공한다. 우리는 인터넷 지도를 통해 이 세상 곳곳의 위성사진을 볼 수 있고, 모르는 길도 스마트폰과 구글 지도만 있으면 찾아갈 수 있다.

어디 그뿐인가. 인터넷은 우리가 일하는 방식과 경제활동 방식도 바꿔놓았다. 인터넷만 있으면 언제 어디서나 업무가 가능한 상황이다 보니, 특정한 업무 시간대나 사무실이라는 개념이 점차 사라지고 있다. 에어비앤비나 구글 등의 회사는 출퇴근 시간이 정해져 있지 않아 많은 직원들이 원하는 시간에 집이나 카페, 회사 식당 등에서 자유롭게 일을 한다.

이는 몇몇 IT회사에 국한된 이야기가 아니다. 미국과 유럽의 많은 노동자들은 기존의 9~5시 근무에서 탈피하여 보다 독립적이고 자유로운 형태로 일하고 있다. 기성세대의 '평생직장' 개념은 사라지고, 새로운 세대는 보다 유동적인 라이프스타일을 추구하게 되었다. 이러한 세대의 특성에 맞춘 새로운 형태의 일자리가 폭발적인 인기를 끌고 있다.

새로운 형태의 일자리 가운데는 아르바이트나 부업, 또는 임시직 형태의 일자리가 다양하게 존재한다. 라이프스타일에 맞춘 이러한 일

▲ 인터넷은 우리가 일하는 방식과 경제활동을 하는 방식을 바꿔놓았다. 사진은 에어비앤비 사무실의 모습.

자리를 통해 직업이 있는 이들은 일과 후 또는 주말에 추가소득을 올리고, 은퇴한 이들은 소일하며 노년기를 보낼 수 있다. 취업 준비생들은 시급한 생활비나 용돈 등을 충당하고, 경력이 단절된 사회인들은 새로운 형태의 직업·일자리에 도전하거나 개인사업을 해볼 수 있다.

물론 이러한 일자리의 확대가 직업의 안정성 및 가계 수입의 저하를 의미하는 것일 수도 있다. 현재 한국사회는 저성장·저물가·저금리 등 3저 시대를 통과하고 있으며, 양질의 일자리가 제대로 창출되지 못하는 상황이다. 비단 우리나라만의 문제는 아니다. 세계 경제는 가파르게 성장하던 시기를 지나 저성장기에 접어들었고, 세계 경제의 중심축인 미국·유럽·일본 모두 장기 침체를 겪고 있다. 전세계적으로 불어닥친 저성장의 영향으로 가계 수입이 줄면서, 이미 갖고 있는 자원이나 노동력을 활용하여 소비 비용을 줄이거나 추가 소득원을 마련하려는 개인이 늘어나고 있다.

이처럼 기술 발전 때문이든, 세계적인 불황 때문이든 공유문화는 널리 확산될 수 있는 환경을 갖추게 된 셈이다. 선진국에서는 이미 많은 사람들이 공유를 토대로 한 다양한 비즈니스 모델을 경험하고 있다. 우리나라에서도 공유문화의 다양한 비즈니스 모델이 등장하여 사회를 변화하게 할 것이다.

글로벌 컨설팅 기업인 PwC는 공유문화로 창출될 2025년 잠재 시장규모를 2,250억 달러(한화 370조 원)로 전망하고 있다.[1] 미국의 경제학자이자 미래학자인 제러미 리프킨은 《한계비용 제로 사회》에서, 기존 자본주의 경제시스템은 공유문화가 중심이 되는 사회 또는 협력적 공유사회로 변화해갈 것이라고 예측했다.[2]

공유문화의 대표주자, 숙박 서비스
| 에어비앤비의 사례 |

이러한 공유문화 기반 비즈니스의 첨단에 있으며 공유문화의 특징을 가장 잘 드러내주는 것이 숙박 서비스다.

자신이 살고 있는 집의 빈방, 또는 휴가를 떠나는 동안 비게 될 자신의 집 사진을 인터넷 사이트에 올리면 이를 필요로 하는 전세계의 여행자들이 이 집에 머물고 싶다며 예약신청을 해온다. 이들의 신청을 받은 집주인은 신청자의 신원과 평판을 고려하여 승낙 또는 거절을 하게 된다. 여행자는 현지인의 집에 머물며 색다른 경험을 할 수 있으며,

그 나라와 도시의 문화에 흠뻑 젖을 수 있다. 여행 후 집주인과 여행자는 서로의 경험에 대해 후기를 남긴다.

글로벌 숙박 서비스의 대표주자인 에어비앤비_{airbnb.com}의 경우, 금융 위기가 한창이었던 2008년 미국에서 시작해 현재 전세계적으로 폭발적인 인기를 끌고 있다. 현재 6,000만 명이 이용하고 있으며, 190개국 200만 개의 집과 방을 실시간으로 확인할 수 있다. 한국도 이러한 열풍에 한 몫을 하고 있는데, 한 해 에어비앤비를 통해 한국을 여행한 관광객 수는 20만 명 가까이 된다. 또한 이들을 위해 자신의 집과 방을 공유(에어비앤비에서는 이들을 호스트_{host}라 일컫는다)한 한국인은 날로 늘어나고 있다.

왜 사람들은 자신의 공간을 내주는가?
| 성취감을 얻는 사람들 |

그렇다면 왜 사람들은 자신의 공간을 내주는 것일까? 단순히 숙박비를 받아 수익을 챙기는 비즈니스 모델로서만 이를 분석하는 것은 지나치게 폭이 좁은 것이다. 공유문화가 가져오는 여행의 패턴 변화와 여행자들의 사회적·문화적 요구 또한 들여다볼 필요가 있다. 에어비앤비에서 호스트로 있는 사람들의 사례를 살펴보자. 딸의 출가로 남게 된 방을 에어비앤비를 통해 공유하기 시작한 차태식 씨는 지금까지 100명 이상의 게스트를 맞이했다. 차태식 씨의 에어비앤비 페이지[3]에는 감동과 감사의 말을 담은 60개의 후기가 있다. 그는 은퇴 이전에는 20년

▲ 사람들은 세계 각국에서 오는 여행자들에게 '숙소'를 제공하면서 보람을 느끼기도 한다.

간 세계 각국을 다니며 건축 일을 했고, 아내는 국제기관에서 일했다. 이들은 은퇴를 하고 나니 삶이 적적하게 느껴져 에어비앤비를 시작했다고 한다. 이렇게 자신의 공간을 공유함으로써 인생의 활기를 되찾을 수 있었다는 차태식 씨는 자신의 집을 찾는 게스트들과 다양한 체험 활동을 함께 하며 한국의 역사·정치·문화 등에 대해 이야기를 나누고 있다. 그는 한국을 알리는 민간외교관으로서 세계 각지의 게스트들과 교류하며 은퇴 후의 여가 시간을 보내고 있는 것이다.

《스핀 잇: 세상을 빠르게 돌리는 자들의 비밀》의 저자이자 '조성문의 실리콘밸리 이야기'[4]를 운영하고 있는 파워블로거 조성문 씨는 호스

팅의 매력에 대해 이렇게 이야기한다.

"세계 각국에서 오는 여행자들에게 그들이 가장 필요로 하는 것 중 하나인 '숙소'를 제공할 수 있다는 것이 가장 큰 매력입니다. 그리고 그들이 떠난 후 좋은 리뷰를 남겨주면 더 기분이 좋습니다. 예상치 못하게 개인적으로 친해지고 비즈니스 파트너 관계로까지 발전하는 것도 너무 재미있고요."

왜 사람들은 타인의 공간에 들어가려 하는가?
│ 공유문화가 바꾸고 있는 여행의 방식 │

여행자는 모두 여행을 통해 새롭고 특별한 경험을 하고 싶어 한다. 공유문화 속에서 탄생한 새로운 여행 형태는 여행사가 제공하는 패키지를 선택하거나, 호텔 등 기존 숙박 업체의 서비스를 이용하는 것과 무엇이 다를까? 그 경험이 어떤 것이기에 자신의 집을 전세계인에게 내놓겠다는 결정을 하게 되는 것일까? 연세대학교 박사과정에 재학 중인 엄도영 씨는 이러한 여행 방식의 가장 큰 장점으로 '현지인과의 교류'를 꼽았다. 예컨대 월드컵 시즌 런던의 어느 할머니 댁에 묵게 되었을 때 그 집의 거실에서 텔레비전으로 한국 국가대표팀의 경기를 함께 보며 서로의 문화에 대해 대화를 나눈 경험이나, 파리에서 옆방에 머물던 미국인 부부와 교류한 기억 등은 호텔에서라면 얻지 못했을 것이다.

▲ 여행자들은 여행을 통해 새롭고 특별한 경험을 하고 싶어 한다. 공유문화를 통해 바뀌어가는 새로운 여행 방법이 이를 충족시켜주고 있다.

이탈리아로 가족여행을 갔을 때는 호스트가 일러주었던 금액보다 택시비가 많이 나오자 호스트가 초과된 비용을 돌려준 일이 있었다고 한다. 지난 10년 동안 세계 70여 개 국가를 여행한 여행 작가 오동현 씨는 "농장 숙소나 수도원, 그리고 가정 같은 색다른 숙소를 경험하고 싶기 때문"에 에어비앤비 서비스를 이용한다고 말했다.

여행뿐 아니라 출장을 갈 때도 호텔 대신 집을 구하는 이들이 늘고 있다. 신한금융투자에서 일하는 박수철 씨는 팀원들과 함께 출장 기간 동안 지낼 공간을 에어비앤비를 통해 구했다. 호텔에 숙박할 때에는 로비나 세미나룸을 예약해서 업무를 봐야 했지만 그곳에서는 그럴 필요가 없었다. 그가 빌린 집의 마당에는 수영장이 딸려 있는 데다 야외에서 바비큐를 할 수도 있었기 때문에 마지막 날에는 협력 회사의 직원들을 초대해 파티를 열 수도 있었다.

인간이 주는 매력을 품다
| 공유 숙박 서비스가 인기를 모으는 이유 |

이제 해외여행은 평생 한두 번만 찾아오는 '기회'가 아니라, 짧게라도 언제든지 떠날 수 있는 '취미'의 개념으로 변화했다. 관광명소 위주로 발도장만 찍는 겉핥기식 여행보다 현지인들의 문화나 생활방식을 느낄 수 있는 여행이 각광받는 이유다. 새로운 여행을 위한 인프라나 서비스는 이미 갖추어져 있다. 인터넷과 구글 지도를 통해 예약하는 숙소의 동네를 미리 찾아볼 수 있게 되었고, 집주인과 여행객은 서로에게 궁금한 점을 미리 메일로 확인할 수 있다. 예약 사이트에 남겨진 후기나 소셜 미디어를 통해 신용도를 확인할 수도 있다.

요컨대 인터넷 기술의 발전으로 우리는 지구 다른 편에 있는 사람들을 만나기도 하고, 모르는 사람의 집에서 살아볼 수도 있게 되었다. 하지만 이를 완전히 새로운 것이라고 보기는 어렵다. 오래 전부터 우리 삶의 한 방식으로 존재했던 것이 새로운 시대에 새로운 양상으로 나타나는 것일 뿐이다. 필자의 아버지는 당신이 대학생 때 동해안을 여섯 달 동안 여행했던 이야기를 종종 들려주셨다. 호텔도 여관도 부족했던 시절에 아버지가 머물 수 있는 곳은 뻔했다. 운이 좋아야 민박 등의 숙

▲ 여행자들은 여행을 통해 새롭고 특별한 경험을 하고 싶어 한다. 도시형 타운하우스, 시골의 나무집, 각 국가의 특색이 살아있는 집 등이 여행자의 사랑을 받고 있다.

박시설을 만났고, 대부분은 모르는 사람의 집에서 묵었다. 시골의, 상호 없는 그 가정집들에서는 늘 정이 넘쳤다. 아버지는 시골 주민의 집에 불쑥 찾아가 재워주길 청했고, 그들이 내주는 방에서 잠을 잤다. 베풀어주시는 저녁식사와 아침밥을 먹으며 시골 생활에 대한 이야기를 나누었고 여러 날을 보내며 집주인과 친구가 되기도 했다.

먼 옛날의 이야기 같지만, 지금 생각해보면 필자 역시도 이러한 경험을 하며 살아왔다. 우리는 대학교 때 학교 앞에서 하숙을 하고, 농활이나 엠티 등을 떠나 시골 농가에서 머무른다. 어학연수를 가서는 홈스테이를 하고, 직장인이 되어 휴가를 떠날 때는 지인의 콘도를 빌리기도 한다. 해외나 다른 도시로 여행 또는 출장을 떠날 때는 친구나 친척, 친구의 친구 집에서 신세를 진다.

공유는 멀리 있지 않다
| 다양한 공유 서비스들 |

비단 에어비앤비 등 여행 관련 서비스만이 아니다. '공유문화'로 대표되는 신경제는 우리 주변 어디에나 존재한다. 필자는 지금 두 달째 차를 빌려 타고 있다. 친한 선배가 유럽으로 장기 출장을 갔는데, 그 기간 동안 자신의 차를 공유해준 것이다. 지난주에는 집에서 못질을 하는데 망치가 없어 옆집에서 망치를 빌려 썼고, 미국 유학시절에는 300달러가 넘는 비싼 교과서를 사는 대신 한 학기 동안 친구에게 빌려 공부

▲ 공유문화로 대표되는 신경제는 우리 주변 어디에나 존재한다.

를 했다. 필자의 초등학교 1학년 딸은 미술을 공부하는 대학생에게 일주일에 한 번 미술을 배우고 있고, 배우자는 필라테스를 배운다. 이렇듯 사람들이 자신의 재능이나 물건을, 이를 필요로 하는 이들과 공유하는 일은 우리에게 너무나 익숙하다.

공유를 핵심으로 하는 서비스 역시 이미 다양한 형태로 나타나고 있다. 요리가 취미이자 특기인 사람이 다른 이에게 가정식 요리를 맛볼 수 있도록 하려고 식사를 공유하는 서비스가 인기를 끌고 있고, 사무실·주차장 등 남는 공간을 공유하는 서비스나 자동차·자전거 등 탈 것을 공유하는 서비스도 있다. 책이나 옷을 교환하는 서비스, 애완견을 대신 돌봐주는 서비스, 유학생과 해외동포가 관광 가이드를 해주는 서비스도 있다. 이러한 서비스의 공통된 특징은 공유문화와 인터넷을 기반으로 개인이 안면 없는 불특정 다수와 유·무형의 자산, 즉 자원·기술·노동력 등을 거래하는 비즈니스 모델이라는 것이다. 아버지 세대의 따뜻한 문화가 되살아나는 듯하다.《위제너레이션》에서 레이철 보츠먼이 이야기했듯, 에어비앤비는 오래 전부터 존재해온 공유와 협력의 방식을 P2P 네트워크와 신기술을 통해 재현하고 의미를 부여한 것일 뿐이다.[5] 2016년에는 이러한 비즈니스 모델이 더욱 다양한 분야로 확산되어 나타날 것이다.

공유문화, 어떻게 확산시킬 것인가?

| 창조경제 실현을 위한 규제 개혁 과제 |

새롭고 유용한 서비스는 우리의 삶을 보다 편리하게 만든다. 지금 이 순간에도 이 세상 어딘가에서는, 스마트폰 한 대와 아이디어로 시작된 어떤 서비스가 누군가의 일상을 변화시키고 있다. 이러한 변화를 주도하는 것은 물론 인터넷이다. 인터넷 기반의 새로운 기술은 세계 경제 패러다임을 변화시켜왔으며, 그 속도는 더욱 빨라지고 있다. 인터넷은 이제 우리 생활의 플랫폼이자 세계 경제를 공유하는 플랫폼이 되었다. 이러한 환경에서, 세계 경제의 선두 자리를 차지하려는 선진국의 각축은 실로 치열하다. 우리도 경쟁을 뚫고 정체된 산업과 경제에 창의적 활력을 불어넣어 일자리와 생존의 문제를 해결하는 것이 갈급한 상황이다.

공유문화가 피할 수 없는 시대 조류가 된 만큼 관련 서비스들이 새로운 산업으로 안착할 수 있도록 법을 정비해야 한다. 숙박업을 예로 들어보면, 이미 여러 OECD 국가들은 공유문화가 소득 창출 및 고용 확대, 그리고 경제 체질 혁신에 크게 기여할 것으로 보고 정부 차원에서 적극적으로 나서 적합한 환경을 만드는 추세이다. 이미 공유문화가 자리 잡을 수 있는 법적·제도적 기반이 마련되었기 때문에 누구나 자신의 집을 공유하고 단기 임대할 수 있다. 자신의 주거공간을 개인적으로 공유하는 행위는 호텔이나 민박업 등의 숙박업과는 구분된다. 주거공간을 지극히 개인적인 차원에서 그리고 간헐적인 주기로 공유하는 것이기 때문이다. 따라서 주거공간의 단기 임대 활동으로 인해 해당 공간의 용도가 상업적인 것으로 변경되지 않는다.

영국은 1970년대에 제정된 임대 관련 법규를 최근에 개정했다. 이전 법규의 "숙소를 임대하는 행위는 기간을 막론하고 '용도 변경'으로 간주되므로 현지 관할 기관의 승인을 받아야 한다"라는 제한 조항을 삭제한 것이다. 개정된 법규는 최장 90일 동안 숙소를 공유하도록 허가하고 있다.[6]

네덜란드는 연중 60일 이하, 그리고 한 번에 4인까지만 투숙을 허용하는 '일반인 숙박 공유' 카테고리를 만들어 민박·단기 임대·호텔과 차별화했다.[7] 미국 필라델피아의 경우 연중 90일까지는 아무런 등록이나 허가 없이 자신의 집을 공유할 수 있도록 규제를 정비하였고, 일본·중국·대만 등에서도 새로운 숙박 서비스가 자리잡을 수 있는 길이 열리고 있다.[8]

반면 우리나라는 각종 규제들 때문에 주거공간의 공유문화가 확산될 여지가 꽉 막혀 있다. 기존 형태의 숙박은 공중위생관리법에 숙박업에 관한 조항이 있고, 관광진흥법과 농어촌정비법에 주택에서의 홈스

테이와 민박에 관한 조항 등이 있으나, 새로운 흐름인 공유문화를 포용하거나 촉진하는 법규는 아직 없다. 주거공간의 공유는 세계적인 흐름으로 외국인 관광객 유치 및 국가경제에 도움이 됨은 물론, 기존 숙박업의 영역을 침해하지 않으면서도 한국 관광산업의 규모를 확장하는 긍정적 효과를 낼 수 있다. 그런 주거공간의 공유문화가 오히려 규제에 발목을 잡혀 발전하지 못하는 상황이다.

하지만 국내의 숙박 관련 현행법에는 이러한 공유문화에 대한 이해가 반영되어 있지 않다. 관광진흥법의 '외국인관광 도시민박업'은 호텔처럼 1년 365일 큰 규모로 전문적인 영업을 하는 숙박업의 개념으로부터 출발한다. 도시민박 업소로 등록한 곳에서는 외국인 관광객만을 받도록 하고 있고, 업소 등록은 특정 형태의 주택(단독주택, 다가구주택, 아파트, 연립주택 또는 다세대주택 중 하나)만, 또한 69.57평 이하의 주택만 가능하도록 규제하고 있다. 신청 절차 또한 최소 2주 이상 소요된다. 법규 자체가 숙박업에 전업으로 종사하는 사람들만을 대상으로 하고 있는 것이다. 집주인이 집에 거주하면서 빈방만 빌려주거나, 자신의 집을 단기로 빌려주는 경우에 관한 법규는 아직 없다. 창조경제의 진화 속도를 현행법이 따라잡지 못하는 실정이다.

공유문화가 활성화되도록 법과 제도를 마련하는 것이 곧 다가올 새로운 경제 형태·경제생활에 현명하게 대처하는 방법일 것이다. 구시대의 틀로 새 현상을 바라보는 것은 언제나 어렵지만, 변해야 하는 것은 구시대의 유물이지 새롭게 등장하는 문화가 아님을 우리는 역사 및 경험으로 확인해왔다. 공유문화가 확산되면 서민들은 다각도로 소득 증대를 꾀할 수 있다. 자연스럽게 국가의 세입도 증대된다. 한국 정부는 국민의 삶의 질과 경제발전에 이바지할 수 있는 공유문화를 확산시키고 문화 지체 현상을 방지하여 한국이 진정한 창조경제 선진국으로 발돋움할 수 있도록, 2016년 신경제를 위한 제도 정비에 최선의 노력을 기울여야 할 것이다.

이상현

1978년 서울에서 출생했다. 미국 에모리 대학교에서 경제학을 공부한 뒤 대한민국 중앙인사위원회와 프랑스 OECD 경제협력개발기구에서 경력을 쌓았다. 로버트 토이고 장학생으로 선발되어 하버드 케네디 스쿨에서 MPA 공공행정학 석사학위를, MIT 슬론 스쿨에서 MBA 경영학 석사학위를 취득했다. 졸업 후에는 미국 스테이트 스트리트 글로벌 어드바이저스(SSgA)에서 펀드매니저로 일했으며 구글에서 공공정책을 담당했다. 현재 에어비앤비에서 공공정책을 총괄하며 한양대학교 국제학부 겸임교수로 활동하고 있다.

모바일

모바일 시대의 시작

모바일 중심으로 연결되는 세상

야구 경기의 입장권을 구매하고 앱을 열면, 좌석 위치를 바로 파악할 수 있는 지도가 뜬다. 앱을 통해 이번 방문이 몇 번째인지, 출구는 어디인지 알 수 있을 뿐 아니라, 구장 내 여러 가게에서 사용 가능한 쿠폰도 받을 수 있다. LA 다저스 스타디움을 비롯한 몇 개의 MLB 구장에서 제공하는 서비스이다.

미국의 백화점 체인 메이시스Macy's는 고객들이 매장에 들어서면 각자의 구매 이력을 분석한 맞춤형 정보를 제공한다. 고객에게 필요하리라고 예상되는 할인 이벤트 정보나 쿠폰 등을 모바일 기기로 전송하는 것이다.

외국의 사례일 뿐인가 하면 그렇지 않다. 최근 제휴사를 늘려가고 있는 멤버십 지갑 서비스 '시럽'은 특정 상권이나 매장에 사용자가 접근하면 쿠폰과 이벤트 정보를 원격으로 제공한다. 또한 산림청 국립 수목원은 방문객들이 관람관을 지날 때마다 그 주변에 심어져 있는

식물의 상세 정보를 음성과 영상 등의 다양한 형태로 제공하는 서비스를 준비 중이다.

온라인과 오프라인을 연결한 확장된 서비스가 일상화되고 있으며, 그 현상의 중심에 모바일이 있다. 모바일을 허브로 하여 사물이 네트워크에 연결되고 있는 것이다.

아직 사물인터넷으로 연결된 사물은 전체의 1퍼센트도 채 되지 않는다. 모바일 광고 시장 역시 급속한 성장에도 불구하고 전체 광고 시장에서 차지하는 비중은 높지 않다. 이런 의미에서, 모바일 시대는 이제 막 시작되었다고 할 수 있다. 이 장에서는 모바일 서비스의 성장 가능성을 가늠해볼 것이다.

모바일 시대는 이제 시작일 뿐
| 모바일 서비스의 등장 |

한국에 처음으로 스마트폰이 출시된 시기는 운영체제별로 상이하다. 윈도우 운영체제를 탑재한 스마트폰은 삼성의 옴니아 시리즈로 2008년에 처음 출시되었고, 구글의 안드로이드 운영체제를 탑재한 스마트폰은 모토롤라의 모토로이로 2010년에 출시되었다. 애플의 아이폰은 미국에서는 2007년에, 국내에서는 2009년 12월에 출시되었다. 국내에 스마트폰이 본격적으로 등장한 지 벌써 6년이 넘은 것이다.

2013년 39퍼센트 성장한 세계 스마트폰 시장은 2014년 성장률이 19퍼센트로 반토막이 났다. 시장이 포화 상태인 탓이다. 국내 역시 스마트폰 가입자 수가 2015년 4,200만 명을 넘어섰다. 초고령층과 미취학 아동을 제외한 모든 국민이 스마트폰을 사용하는 시대이다.

대다수 국민이 스마트폰을 사용하게 되면서, 비로소 모바일 서비스 시장은 급속한 확산의 길을 걷게 된다. 스마트폰에서 버튼 몇 번만 누르면 오프라인에서 이루어지던 다양한 서비스를 모바일 환경에서 간편하게 누릴 수 있기 때문이다. 전화통화 없이 집으로 음식을 배달해주는 서비스인 '요기요'나 '배달의 민족', 44억 원 투자를 유치한 '푸드플라이' 등이 그러한 예다. 이른바 온디맨드on-demand 경제가 형성된 것이다. 어느새 우리는 몸은 아날로그 세상에 있지만 생활의 대부분은 디지털 세상에서 이루어지는, 온라인과 오프라인이 공존하는 삶을 영위하게 되었다.

▲ 정보통신산업진흥원에서 매주 발간하는 '최신 ICT 동향보고서'를 분석한 결과. 가장 많이 언급되고 있는 키워드는 웨어러블 기기(구글글래스, 스마트워치, 헬스케어 등), 로봇(드론), 사물인터넷(IoT), 빅데이터, 인공지능(머신 러닝, 딥 러닝), 스마트카, 3D프린터 등이었다. 이것들은 모두 사물인터넷과 연관이 있다.

2015년 모바일 서비스 시장을 대략 살펴보자. 배달·배송 부문은 5년 만에 1조 원 규모로 성장해 2015년 2조 원 가까이 증가될 것으로 예상된다. 교통·차량 서비스(자동차 예약·렌트 서비스 '쏘카', 대리기사를 부르는 '버튼대리', 자동차 외장수리 견적 비교 및 수리업체와 차주를 연결하는 '카닥' 등), 여행·숙박(현지인 가이드와 연결해주는 '마이리얼트립', 소셜 액티비티 플랫폼 '프렌트립' 등), 홈서비스(부동산 정보를 제공하는 '직방' '다방', 셀프 인테리어를 도와주는 '닥터하우스' 등), 레스토랑 예약 서비스, 이벤트 등의 영역에서 수많은 서비스가 등장했다. IT 도입을 통해 기존 제품의 성능이나 프로세스 문제를 해결하며, 디지털·아날로그와 같이 전혀 다른 영역을 연결하여 사용자의 삶을 변화시키는 와해성 기술이 대중화되어가고 있는 것이다. 그 중심에 자리한 사물인터넷IoT, O2O, 모바일 결제 등의 개념도 새롭지 않은 것이 되었다. 이러한 상황에서 모바일 시대가 이제 서막을 열었을 뿐이라는 말은 어불성설처럼 들릴 것이다. 하지만, 그럼에도, 모바일 시대는 시작에 불과하다.

그 이유는 무엇일까? 앞서 이야기한 모바일 서비스에서 핵심 역할을 하는 사물인터넷과 O2O, 모바일 결제 시장이 이제 걸음마를 막 뗀 상태에 불과하기 때문이다.

사물인터넷의 확산
| 미래의 유망 사업으로 떠오르는 사물인터넷 |

사물인터넷이란 사물과 사물 간 통신으로, 1990년대 중반에 주로 물류나 보안 분야에서 활용되다가 스마트폰이 등장하면서 20여 년 만에 우리의 일상생활에 침투하기 시작했다.

우리에게 익숙한 브랜드의 사례가 하나 있다. 스포츠용품 업계 최강자 나이키의 이야기다. 업계 2위인 아디다스는 시장 개편을 위해 3위인 리복을 인수했지만, 나이키는 엉뚱한 길을 걸었다. IT기업 애플과 제휴를 맺고, 나이키 운동화에 넣은 센서와 애플의 아이팟을 연결한 나이키 플러스라는 새로운 서비스를 소개한 것이다. 나이키 운동화를 신은 사용자는 아이팟으로 운동한 거리·속력·소모된 칼로리를 확인할 수 있었으며, 이 서비스는 이후 자연스럽게 아이폰·아이패드·스마트밴드·퓨얼밴드로 확대되었다. 사용자는 나이키 플러스 앱을 통해 운동량을 측정하기만 하는 것이 아니라, 이를 친구나 지인과 공유하고 게

▲ 나이키는 운동화에 센서를 넣어 아이팟·아이폰과 연동할 수 있는 나이키 플러스로 시장의 경쟁사를 물리쳤다. 이러한 변화의 중심에 모바일이 있다.

임하듯 운동을 즐길 수 있다. 사용자의 온라인과 오프라인 생활을 연결한 셈이다. 애플과의 제휴를 통해 나이키는 스포츠 영역에서 경쟁자 없는 압도적인 최강자로 입지를 굳혔다.

2014년 구글은 '스마트 온도 조절계'와 '스모크 감지기' 등 제품 라인업이 단 두 개뿐인 신생 기업 네스트랩스를 32억 달러에 인수한 반면, 125억 달러에 인수했던 모토롤라를 고작 30억 달러 정도에 중국 스마트폰 업체 레노버에 매각하여 우리를 놀라게 하였다. 구글은 또한 최근에 CCTV 업체인 드롭캠을 인수하여 스마트홈 시장 진출을 암시했다. 구글은 지속적인 인수·합병을 통해 서비스를 확장하고 자체의 성장동력을 확보하고 있는데, 구글의 행보를 통해 센서로 연결된 사물을 모바일을 허브로 컨트롤하는 것이 미래에 유망한 서비스·사업으로 떠오르리라 예측해볼 수 있다.

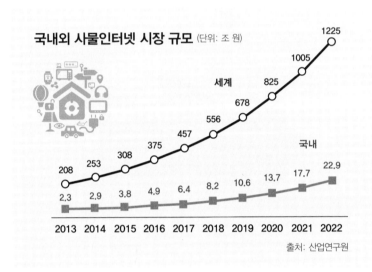

국내외 사물인터넷 시장 규모 (단위: 조 원)

세계: 208, 253, 308, 375, 457, 556, 678, 825, 1005, 1225

국내: 2.3, 2.9, 3.8, 4.9, 6.4, 8.2, 10.6, 13.7, 17.7, 22.9

2013 2014 2015 2016 2017 2018 2019 2020 2021 2022

출처: 산업연구원

위의 표에서 확인할 수 있듯, 산업연구원에 따르면 사물인터넷 시장은 2014년 2.9조 원에서 2022년 22.9조 원 규모로 약 8배 성장할 것으로 전망된다. 이처럼 성장 가능성이 높게 평가되는 이유는, 사물인터넷으로 연결된 사물이 현재까지 전세계 1퍼센트도 안 되기 때문이다. 사람과 사물을 연결하는 허브로서의 모바일의 시대가 이제 시작에 불과하다는 것은 그런 의미다.

카드를 대체해가는 모바일 서비스
| 모바일 결제의 대중화 |

L씨는 주말 아침 일찍 일어나 일을 하다가, 바람을 쐴 겸 좋아하는 커피를 마시러 집앞 카페에 갔다. 주문을 하려는데, 지갑을 집에 놔둔 채 핸드폰만 들고 나왔다는 사실을 깨달았다. 돌아가서 지갑을 가져오자니 아파트 단지를 걸어들어가 높은 층까지 오르내리기가 번거로웠다. 잠시 고민하던 L씨는, 10분 정도 뒤에 커피와 간단한 빵들을 들고 카페를 나섰다. 지갑이 없었는데 어떻게 음료와 빵들을 구매할 수 있었을까? 모바일 결제 덕분이다.

이 이야기는 필자의 실제 경험담으로, 모바일 상품권을 구매해서 음료를 마신 경우다. 모바일 결제는 좁은 의미로는 모바일에서 직접 지급·결제하는 것을 말하고, 넓은 의미로는 기프티콘·쿠폰·할인·멤버십 등 결제에 영향을 미치는 모든 과정 및 서비스를 일컫는다. 금융결제원에서 발행한 〈국내외 신유형 지급결제 서비스 현황과 시사점〉[1]에 따르면 모바일 결제는 핵심 결제 정보를 저장하는 IC칩을 내장하느냐에 따라 하드웨어 방식과 소프트웨어 방식으로 구분된다. 서비스 유형에 따라서는 모바일 지갑형과 코드 스캐닝형, 서버형, 모바일 POS형으로 나뉜다.

모바일 지갑 서비스는 O2O를 가장 잘 적용한 서비스 가운데 하나로, 다른 서비스보다 금융 규제가 적어 비교적 자유롭다. 국내 서비스로는 '스마트월렛' '모카' 'zoomoney' '뱅크월렛' '시럽'이 있고, 국제

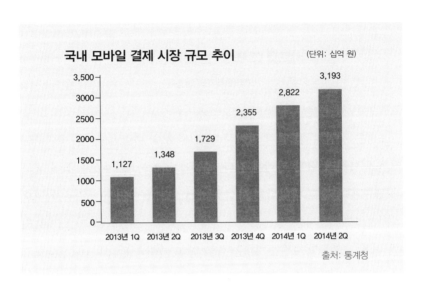

국내 모바일 결제 시장 규모 추이 (단위: 십억 원)

출처: 통계청

적인 서비스로는 '구글월렛' 'ISIS 모바일 월렛' '패스북' 등이 있다. 앞의 예처럼 기업이 브랜드마다 등록해둔 모바일 쿠폰·상품권 등을 오프라인에서 사용할 수 있게 해주는 것이 모바일 지갑 서비스들이다. 구매는 온라인에서 이루어지지만, 주 사용처는 오프라인 매장인 것이다.

2014년 6월 SK플래닛은 통합 마일리지 서비스인 OK캐시백과 모바일 상품권 서비스인 기프티콘 등을 통합한 시럽을 발표했다. 시럽을 기본으로 하여 T맵·T스토어·11번가·기프티콘 등 패밀리 브랜드를 포함한 형태로, 달리 말하면 시럽은 모바일 지갑 기반에 위치 정보·커머스 데이터·콘텐츠를 추가한 확장 플랫폼인 것이다. 시럽은 지오펜싱과 비콘 기술을 적용해 위치 기반 서비스를 제공한다. 스마트폰에 시럽 앱을 설치한 고객이 정해진 지오펜싱 지역으로 들어오거나 매장에 접근하면 푸시 메시지로 매장주가 온라인에 등록한 쿠폰을 전송한다. 고객은 매장을 방문해 쿠폰을 사용할 수 있게 된다.

미국에서는 대형 백화점 체인 메이시스를 비롯해 최대 전자제품 업체 베스트바이 등 14개 대형 유통업체의 1만 2,000여 개 매장에서 비콘을 사용하고 있고, BMW · 스타벅스 · 로레알 · P&G 등 150여 개 글로벌 기업에서도 비콘을 기반으로 상품 정보와 할인 쿠폰을 제공한다.

통계청에 따르면 국내 모바일 결제 시장 규모는 2014년 2분기 3조 1,930억 원으로, 2013년 같은 분기 1조 3,480억 원에서 약 2.4배 가까이 성장하였다. 전세계적으로도 모바일 결제 시장 규모는 지속적으로 성장하고 있는데, 시장분석 기업인 가트너_{Gartner}에 의하면 2015년 6,910억 달러에서 2017년 1조 4,760억 달러로 증가할 전망이다. 보안 문제가 개선된, 다양하고 편리한 모바일 결제 수단이 출현하면서 신용카드는 점점 번호만 이용되는 경우가 늘고 있다. 실물 플라스틱 카드를 모바일 서비스가 대체하고 있는 것이다.

▲ 미국의 대형 백화점을 비롯한 여러 기업들은 비콘을 기반으로 고객에게 상품 정보와 할인 쿠폰을 제공하고 있다. 이는 모바일 결제의 대중화에 따른 현상으로도 볼 수 있다.

옴니채널의 쇼핑 환경이 마련되다
| 모바일 광고의 확산 |

사물인터넷, O2O, 모바일 결제 등의 서비스들이 모바일을 중심으로 융합되면서 모바일 광고의 중요성 역시 올라가고 있다. 모바일 광고는 고객을 오프라인 매장으로 모으고, 맞춤 정보를 제공하여 결제를 유도하는 역할을 한다.

모바일의 특성(실시간성과 개별성, 공간에 얽매이지 않는 점)을 살려 고객이 원하는 정보를 적절한 시점에 전달하기 위한 검색·푸시 메시지 등의 광고 기술이 필요해졌고, 마케터들 역시 모바일을 공부하지 않고는 새로운 판매·영업 환경에 적응하기 어렵게 되었다. 그동안 구매 및 판매채널은 온라인과 오프라인으로 영역이 나뉘어 있었으나, 이제 모바일로 인해 그 경계가 허물어지고 있다. 마케팅에서 가장 중요한 고객과의 커뮤니케이션이 채널의 경계없이 이루어지는, 이른바 '옴니채널'의 쇼핑 환경이 마련된 것이다.

이에 따라 모바일 광고 시장은 급격히 성장하고 있다. 한국방송광고진흥공사의 방송통신광고비조사에 따르면 모바일 광고시장의 총 매출은 2014년 7,250억 원으로 2013년 4,757억 원에 비해 52.4퍼센트 상승했다. 글로벌 모바일 광고 시장 또한 2014년에 34퍼센트 증가하는 등 큰 성장세를 나타냈다. 상장 3년 만에 시가 총액이 삼성전자·한국전력·SK 하이닉스·현대차의 시가 총액의 합을 돌파한 페이스북(시가 총액 2,500억 달러)의 매출 가운데 90퍼센트 이상이 광고에서 나올 정

▲ 다양한 서비스들이 모바일을 중심으로 융합됨에 따라 모바일의 특성을 살려 고객이 원하는 정보를 전달하기 위한 광고 기술이 요구되고 있다. 사진은 영화 〈마이너리티 리포트〉에서 광고의 미래를 보여주는 장면.

도로, 모바일 광고는 주요 비즈니스 모델로 자리매김했다.

정보통신정책연구원에 따르면 온라인 광고 가운데 모바일 광고가 차지하는 비중이 2009년 4퍼센트에서 2014년 14퍼센트로 5년 만에 3배 이상 증가했고, 이러한 가파른 성장세는 계속 이어질 것으로 보인다. 하지만 아직 모바일 광고가 전체 광고 시장에서 차지하는 비율은 크지 않다. 2014년의 점유율은 온라인 광고 기준으로 24퍼센트, 전체 광고 기준으로는 7퍼센트였다. 이는 역으로 말해, 남아 있는 시장이 많다는 의미이다.

최근 미국의 통신사 버라이즌은 에이오엘AoL을 인수했고, 중국 치타 모바일은 유럽 에드네트워크인 맙파트너MobPartner를 인수했다. 통신업체가 대형 광고 플랫폼이나 광고 효과 분석을 위한 트래킹 솔루션 업체를 사들여, 기술력 및 노하우를 확보하고 더욱 커질 시장에 대비하는 것이다.

온디맨드 경제를 주목하라
| 2016년 모바일 시장의 미래 |

요즘 카카오의 행보를 보면 무섭다는 생각이 든다. 카카오택시는 출시 4개월 만에 일 호출 수 24만 건, 누적 호출 수 1,200만 건을 올렸고, 전국 기사 회원 수는 14만 명을 넘어섰다. 콜택시 시장 전체 규모를 확대하는 동시에 위협하고 있는 셈이다. 뿐만 아니라 소문으로 돌던 대리운전 업계 진출을 카카오 측이 검토 중이라는 소식만으로 대리운전 업체와 기사들의 싸움이 일어날 정도다.

모바일 앱 하나로 시작해서 고급택시·배달·배송·가정·헬스케어 등의 시장을 아우르는 온디맨드 생태계를 구성하려는 카카오와 2009년에 설립되어 약 45조 원의 가치를 지닌 기업으로 급성장했으며 '우버화'라는 신조어를 탄생시킨 우버. 앱과 온라인 네트워크 등 정보통신 기술을 통해 수요자 요구에 맞게 필요한 물품과 서비스를 제공하는 온디맨드 경제가 급속도로 확산되고 있다. 미국에서 시작된 이 경제 모델은 위에서 언급한 O2O, 사물인터넷, 모바일 결제 등과 맞물려 우리 생활에 파괴적 변화를 가져오고 있으며 비즈니스 환경도 재편하고 있다.

2016년 핵심 모바일 제품이나 키워드가 무엇이 되겠느냐는 질문은 크게 의미가 없게 느껴진다. 개개인의 사용자가 모이고 그들이 필요로 하면 어떤 분야에서든 서비스 혹은 상품은 개발될 것이고 개발 주체는 이전과는 달리 1~2명의 멤버로 구성된 스타트업에서 기존 시장의 큰손까지 다양할 것이다. 상품 혹은 서비스는 더욱 개인화될 것이고 정보통신 기술을 통해 실제 세계와 디지털 세계의 경계가 점차 모호해질 것이다. 뿐만 아니라 5G·6G 고속 인터넷은 콘텐츠에 대한 접근·이용·생성을 용이하게 할 것이고, 기업들의 독점력은 더욱 감소될 것이다.

미국과 유럽 등의 경쟁 국가에서 P2P 대출 기술을 개발 및 개선하고 상용화하는 동안 우리는 금융정책에 매여 후발주자가 되었다. 업계를 이끄는 제2, 제3의 카카오가 등장하려면 불합리한 정책을 개선해야 한다. 새로운 방법의 비즈니스를 무작정 터부시하고 차단하기보다는 예상되는 문제에 대한 제도 보완 및 사회적 합의 유도를 통해 혁신을 장려하고 경제에 활력을 불어넣게 되길 기대해본다.

이재연

모비데이즈 글로벌 모바일 마케팅 총괄. 1984년 부산에서 출생했다. 부산외고를 졸업했다. 유타 대학교에서 생리학을 전공해 수석 졸업했고, 미국심장협회 등에서 펠로우십(Fellowship)을 제공하는 프로그램에 뽑혔다. 하버드 보건대학교에서 MPH 석사학위를 취득 후 외국계 제약회사에서 시장 접근 분야를 담당했다. 이후 스타트업에 관심을 가져 2014년 모비데이즈 창업 멤버로 시작하여 현재 해외 마케팅 총괄과 파트너십을 담당하고 있다.

미디어

다시 소셜이 미디어가 되다

뉴미디어의 진화

20세기 후반에서 21세기 초반으로 이어진 이 짧은 시기는 먼 훗날 특별한 변화의 시대로 기억될 것이다. 1989년 팀 버너스 리의 제안으로 시작된 월드와이드웹은 통신기술의 발달과 함께, 추상적인 개념에 불과했던 인류가 하나라는 사실을 직접 느낄 수 있는 현실로 바꾸었다. 단 10여 년 만에 인류 중 상당수의 사람들은 모니터와 키보드 앞에 앉아 자신의 지리적 위치와 무관하게 실시간으로 의견을 나누고, 멀리 떨어진 사람들과 희노애락을 같이 나눌 수 있게 되었다.

곧이어 무선통신기술의 혁신이 뒤따랐다. 먼 곳의 사람과 대화를 나누는 기술은 벨에 의해 19세기 후반에 발명되었지만, 그 기술이 주머니 안으로 들어온 것은 100년이 훨씬 더 지나서였다. 그리고 2007년 아이폰이 등장했고 모바일 혁명이 일어났다. 모바일 혁명은 우리의 삶에 앞서 일어난 인터넷 혁명 못지않은 큰 변화를 가져왔다. 클로드 섀넌의 정보이론은

환경에 따라 통신 속도에 한계가 있음을 알려준다. 앞으로 통신 속도의 증가는 지난 20년간
의 변화만큼 급격할 수 없을 것이다. 우리는 특별한 변화의 시대를 통과했다.

이런 급격한 변화, 곧 인터넷 혁명과 모바일 혁명은 우리 삶의 거의 모든 분야에서 디지털
파괴digital disruption를 일으켰다. 그중에서도 미디어 업계는 이 변화가 가장 크게 나타난 영역 중
하나이다. 모바일 혁명에 의한 소셜 혁명은 곧 미디어 혁명이었다. 소셜이란 인간이 다른 인
간과 나누는 사회적 관계를 지칭하며, 소셜 혁명이란 모바일 기기와 무선통신 기술을 통해
누구나 지리적·사회적 제한 없이 다른 이와 교류할 수 있게 된 변화를 말한다. 이 글은 미디
어의 근원 혹은 본질이 어떻게 소셜과 연결되어 있으며, 또한 소셜 혁명에 의해 어떻게 소셜
이 다시 미디어로 자리 잡고 있는지를 지난 수백만 년 동안의 진화와 최근 몇 년 동안의 흐름
을 통해 설명하려 한다.

미디어란 무엇인가

| 정보의 흐름을 일어나게 하는 어떤 것 |

미디어는 우리말로 매체라고 번역된다. 매체는 여러 가지 뜻을 가진 일반명사이다. 사전에서는 이 단어의 첫 번째 뜻을 '어떤 작용을 한쪽에서 다른 쪽으로 전달하는 물체 또는 그런 수단'이라고 정의하고 있다. 위키피디아에는 인쇄 매체, 녹음 매체, 대화형 매체, 전자 매체, 멀티미디어, 하이퍼미디어, 디지털 미디어, 출판 매체, 언론 매체, 대중 매체, 방송 매체, 뉴스 미디어 등 다양한 매체의 종류가 나열되어 있다.

이러한 대상들이 공통적으로 가지는 특징을 통해 이 시대에 보다 적합한 미디어의 정의를 찾아보자. 위의 대상들은 앞서 언급한 사전의 정의처럼 '무언가'를 전달한다. 중요한 것은 무엇이 전달되는가이다. 이에 대해 우리는 정보라는 단어를 떠올릴 수 있다. 물리학에서는 세상의 모든 작용은 추상적인 정보의 전달이라고 말하기도 한다. 그러나 여기서 우리가 말하는 정보는 보다 구체적이고 실제적인 현실에서의 정보이다. 위에 나열된 다양한 미디어 혹은 매체들은 정보를 전달한다는 특징을 가지고 있으며, 무엇을 통해 정보가 전달되는가에 따라 다른 이름을 지닌다. 이 글에서는 미디어를 '정보의 흐름이 일어나게 하는 무언가'로 다시 정의하려 한다. 이렇게 정의함으로써 우리는 미디어의 새로운 면을 볼 수 있게 된다.

소셜을 위해 생겨난 미디어
| 왜 미디어가 존재하는가 |

19세기 다윈이 발표한 진화론은 그 등장 이래 '생명'에 대해 설명하는 가장 영향력 있는 이론이 되었다. 이 생명에는 물론 인간이 포함된다. 인간이 생명의 나무 한 가지에 위치한, 다른 모든 지상의 생명체와 동일한 존재라는 사실은 상식이 되었고, 동시에 인간의 물질적 특성뿐 아니라 형이상학적·정신적 특성마저 동물의 관점에서 해석하는 흐름이 생겼다. 진화론으로 인해 인간의 생각과 감정이 뇌 속 뉴런 세포들의 신호 및 호르몬의 작용일 뿐이라는 유물론적 사고가 과학계에서 자리 잡은 것이다. 자연스럽게 진화론은 육체적 특성을 설명하는 것을 넘어 인간의 심리마저도 진화를 통해 설명할 수 있다는 '진화심리학'으로 발전했다. 진화론의 핵심은 매우 간단하다. 어떤 특정한 유전자가 생존과 번식에 도움이 된다면, 그 유전자를 가진 개체의 수가 증가한다는 것이다.

이는 인간이 가진 본능의 근원을 설명해준다. 식욕과 성욕은 생존과 번식을 위한 기본적인 욕구이다. 우리의 일상에서 가장 상위에 존재하는 원칙인 위험을 피하려는 행동, 여러 사회적 활동의 근본인 자신의 가치를 높이려는 행동 역시 생존과 번식의 프레임으로 설명 가능하다. 같

▲ 진화론은 인간이 가진 본능들의 근원을 설명해준다. 같은 프레임으로 미디어의 존재 이유를 생각해볼 수 있다.

은 방식으로 왜 미디어가 존재하는지를 생각해볼 수 있다. 미디어가 존재하는 이유는 우선 인간이 미디어를 원하기 때문이다. 정확히 말하면 인간은 미디어가 전달하는 정보, 곧 뉴스를 원한다. 인간이 뉴스를 원하는 이유는, 뉴스를 원하는 것이 인간의 생존과 번식에 도움이 되기 때문일 것이다. 100만 년 전으로 돌아가보자. 뒷산에 야수가 나타났다는 소식을 듣느냐 듣지 못하느냐는 생존 여부에 결정적인 영향을 끼쳤을 것이다. 뉴스를 원하는 특성이 생존 확률을 높였기 때문에 인간이 이러한 특성을 가지게 되었을 가능성이 크다.

한 걸음 더 나아가보자. 때로 진화론은 '적응'과 '부산물'을 구별한다. 적응이란 생존과 번식에 직접적으로 유리했기 때문에 가지게 된 특성을 말하며, 부산물이란 직접적인 유·불리와 무관하게 적응에 딸려온 특성을 말한다. 뼈의 색깔이 하얀 것은 적응과 무관하기 때문에 부산물이며, 스티븐 J. 굴드는 서양 성당 건물의 천정에 위치한 스팬드럴 spandrel 을 부산물의 예로 들기도 했다. 언어가 적응인지 부산물인지에 대해서는 학자들마다 의견이 다르다. 언어 능력을 가진 존재가 생존에 유리했으리라는 사실은 분명하지만, 언어는 대뇌의 발달에 따른 다른 생존 혹은 번식 기제들의 결과일 뿐일 수도 있다.

이 글에서는 언어가 적응인지 부

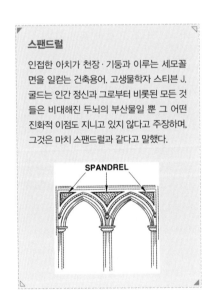

스팬드럴

인접한 아치가 천장·기둥과 이루는 세모꼴 면을 일컫는 건축용어. 고생물학자 스티븐 J. 굴드는 인간 정신과 그로부터 비롯된 모든 것들은 비대해진 두뇌의 부산물일 뿐 그 어떤 진화적 이점도 지니고 있지 않다고 주장하며, 그것은 마치 스팬드럴과 같다고 말했다.

SPANDREL

산물인지 따지지 않는다. 그러나 적어도 언어가 사용되는 과정에서 뉴스의 전달이 상당히 중요한 동기이자 기폭제 역할을 했으리라는 추측은 가능하다. 그런 점에서 언어는 최초의 미디어라고 볼 수 있을 것이다. 그리고 이 초기의 언어로 주고받은 가장 중요한 뉴스들은 생존과 번식에 도움이 되는, 곧 주변 환경과 인간에 대한 뉴스였을 것이다. 또한 이 뉴스는 가까운 사람들 사이에서 전달되었을 것이다. 즉 최초의 미디어는 그 내용의 측면에서도, 그리고 그 미디어가 전파되는 과정의 측면에서도 우리가 오늘날 소셜이라 부르는 것과 일치한다.

소셜로서의 미디어의 진화
| 동류의식을 주는 미디어 |

뉴스를 원하는 인간들이 많아지자, 혹은 뉴스를 원하는 것이 보편적인 인간의 특성으로 자리 잡게 되자 뉴스를 찾고 나누려는 특성 역시 생겨났다. 더 많은 뉴스를 알고 있는 사람은 그 사회에서 더 가치 있는 사람으로 보이게 되었다. 오늘날 우리가 뉴스를 보는 중요한 이유는 다른 이들에게 이를 전달함으로써 자신의 지식을 뽐내고 스스로의 가치를 드러내기 위해서이다. 그리고 뉴스의 공유에는 또 다른 기능이 있다. 어떤 뉴스가 중요한 것일 때 우리는 이를 선택적으로 공유한다. 과거에 중요한 뉴스는 유전적 형질이 유사한 동족들에게 우선적으로 전달되었을 것이다. 역으로 같은 뉴스를 알고 있다는 사실은 서로에게 동

▲ 중요한 뉴스를 공유한다는 것은 서로에게 동류의식을 불러일으켜 친밀감을 더하게 만들어주었을 것이다.

류의식을 불러일으켜 친밀감을 더하게 만들어주었을 것이다. 오늘날 일터에서, 모임에서, 새로운 사람과의 만남에서 대화의 소재로 뉴스를 사용하며 이로부터 친근한 관계를 맺어나가는 모습 속에 과거의 흔적이 남아 있다.

개인 간 정보의 소통이 활발해지면서, 이제 사람들은 주변 사람들의 단순한 소식만이 아니라 더 복잡한 이야기들을 전달하기 시작했다. 이 이야기들에도 기능은 있었다. 전래동화 혹은 전설이 그 사회의 유지를 위해 필요한 교훈을 전달하는 기능을 했음은 잘 알려져 있다. 주변 사람들의 이야기가 아닌 뉴스에도 비슷한 기능이 있었을 것이다. 누군가가 특정 행동, 곧 과실로 인해 어떤 피해 혹은 처벌을 받았는지를 전달함으로써 사회 혹은 사회의 지배층은 그러한 행동에 직접적인 제약을 가할 수 있었다. 또한 사람들은 뉴스에다 자신의 의견과 평가를 더해 다른 이들의 행동을 제어하려 했다. 오늘날에도 여전히 포털 사이트의 댓글이나 인터넷 게시판 등에서 이러한 의도가 무의식적으로 발현되는 모습이 관찰된다.

사회가 발달하고 규모가 커지면서 뉴스의 규모 또한 커졌다. 글자가 만들어졌고, 인쇄기술이 등장했다. 이제 미디어는 전달 방식과 내용 모두에서 구전의 단계를 넘어섰다. 미디어는 혁명의 도구가 되었고, 때로는 국민을 하나로 결집시키는 데 사용되었다. 미디어의 역사는 곧 인류의 역사와 같다. 미디어가 소셜과 분리되면서 뉴스와 가십도 분리되었다. 뉴스는 신문·방송을 통해 전달되었고 사람들은 자신과 무관한 소식을 뉴스로 소비했다. 미디어와 분리된 소셜은 편지·전화 등으로 확장되었다. 인터넷이 등장하자 미디어와 소셜은 다시 하나로 모이기 시작했다.

소셜과 미디어
| 생산 · 가공 · 배포 · 수익에 있어서의 소셜의 영향 |

지금으로부터 16년 전인 1999년, 아이러브스쿨이라는 웹사이트가 만들어졌다. 반응은 폭발적이었다. 1년 만에 500만 명이 가입했다. 연락이 끊어졌던 어린 시절의 친구를 다시 만날 수 있다는 사실에 많은 이들이 환호했다. 소셜이 가진 잠재력을 잘 보여준 사건이었다. 아이러브스쿨과 싸이월드가 지고 페이스북·트위터·카카오톡·밴드 등이 등

장했다. 오늘날 인터넷이 가져다준 가장 큰 과실은 바로 이 소셜 분야의 성장에서 발견된다. 인터넷과 모바일이라는 신기술은 마치 소셜을 위해 태어난 것처럼 활용되었다. 생활의 모든 요소들이 소셜과의 접점을 중심으로 재편되기 시작했다. 미디어가 그 선두에 서 있었음은 물론이다.

배포 권력의 이양
| 어떤 정보를 배포할지 누가 결정하는가 |

신문과 텔레비전의 등장 이래, 미디어는 콘텐츠를 생산하고 이를 배포하는 권한을 모두 지니고 있었다. 아니, 이들이 실로 쥐고 있었던 것은 콘텐츠의 생산보다 배포의 권력이었을지 모른다. 소수의 개인들만으로도 콘텐츠의 생산은 가능했지만 이를 배포하기 위해서는 자본과 시스템, 때로는 권력과의 결탁이 필요했다. 또한 배포의 권력이란 어떤 정보를 배포할 것인지를 선택하는 권력이었다. 디지털 혁명은 바로 이 지점, 곧 콘텐츠 배포의 메커니즘을 바꾸었다. 디지털 혁명이란 콘텐츠가 아날로그가 아닌 디지털 정보로 변환됨에 따라 무한한 복제와 전송의 자유를 가지게 된 것을 말한다. 인터넷의 등장과 함께 인쇄소나 배달망이 필요 없어졌고 뉴스를 접할 수 있는 수많은 통로가 만들어졌다.

이는 곧 배포 권력의 균열로 나타났다. 먼저 포털 혹은 검색 사이트

▲ 튀니지의 청년 모하메드 부아지지의 분신 소식이 트위터와 페이스북을 통해 확산되어 일어나게 된 재스민 혁명은 배포 권력의 이양을 잘 보여준다.

를 통해 뉴스가 배포되기 시작했다. 또한 소셜 혁명의 정점에 이른 오늘날, 점점 더 많은 사람들이 페이스북 혹은 다른 소셜 네트워크를 통해 자신의 주변 사람이 읽고 추천한 뉴스를 보게 되었다. 그럼으로써 어떤 뉴스를 사람들에게 알릴 것인가의 권리 역시 소셜, 곧 사람들에게로 넘어갔다.

배포자 소셜
| 인스턴트 아티클과 디스커버 |

포털 혹은 소셜 서비스를 통해 뉴스가 배포되는 것은 자연스러운 일이다. 포털과 소셜 서비스의 생존은 이를 방문하는 사람들의 숫자에 달려 있다. 사람들이 원하는 정보를 제공하는 것은 자신들의 생존을 위해 필요한 일이다. 사람들은 뉴스를 원하며, 따라서 포털과 SNS는 사람들을 끌기 위해 뉴스를 자신들의 콘텐츠에 포함시킨다. 뉴스의 생산자들도 자연스럽게 자신들이 생산한 뉴스를 많은 이들에게 전달하기 위한 창구로 포털과 소셜 서비스를 택했다.

최근 페이스북은 인스턴트 아티클Instant Article이라는 서비스를 내놓았다. 페이스북은 지난해 페이퍼Paper라는 뉴스 서비스 앱을 출시한 적이 있다. 페이퍼는 잘 만들어진 앱으로 평가받았지만 사람들의 습관으로 자리 잡는 데에는 실패했다. 페이스북은 다시 한 번 인스턴트 아티클이라는 이름으로 뉴스 서비스에 도전했다. 인스턴트 아티클이란 페이

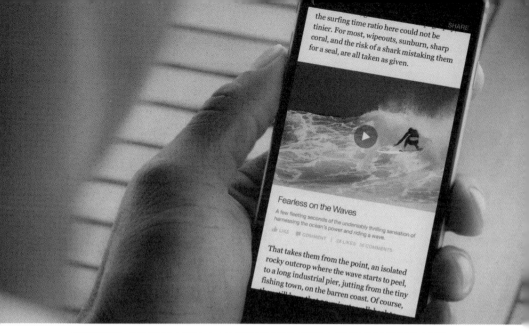

the surfing time ratio here could not be tinier. For most, wipeouts, sunburn, sharp coral, and the risk of a shark mistaking them for a seal, are all taken as given.

Fearless on the Waves

A few fleeting seconds of the undeniably thrilling sensation of harnessing the ocean's power and riding a wave.

That takes them from the point, an isolated rocky outcrop where the wave starts to peel, to a long industrial pier, jutting from the tiny fishing town, on the barren coast. Of course,

▲ 페이스북의 인스턴트 아티클 서비스는 뉴스를 페이스북 안으로 가져와 소셜이 미디어의 배포자로 본격적으로 나섰음을 보여준다.

스북 내에서 뉴스를 직접 제공하는 서비스를 말한다. 그동안은 페이스북에 공유된 기사들을 읽기 위해 그 기사가 올라온 원래의 웹사이트로 이동해야 했다. 페이스북은 자신이 곧 인터넷이 되기 위해서는 뉴스를 페이스북 내로 가져와야 한다는 사실을 깨달은 것이다. 인스턴트 아티클은 소셜이 본격적으로 미디어의 배포자로 나섰음을 알려주는 중요한 사건이다.

앞서 이야기한 것처럼, 뉴스 배포의 핵심 권한 가운데는 누구에게 어떤 기사를 읽힐 것인가 하는 선택의 권한이 있다. 이는 개인의 입장에서 본다면, 수많은 기사 가운데 어떤 기사가 내게 필요한 것인지 혹은 내가 읽어야 할지를 결정하는 권한일 것이다. 너즐Nuzzle은 소셜을 이용해 이 문제를 해결하는 서비스이다. 너즐은 SNS상의 친구들이 관심을 가진 뉴스를 내게 알려준다. 이는 뉴스의 공유가 곧 집단적 동류의식과 연결된다는 진화심리학의 설명과 연결된다.

기존 언론사에게 새로운 형태의 뉴스 서비스 플랫폼을 제공하는 소셜 서비스도 있다. 잠시 후 사라지는 메시지로 잘 알려진 메신저 서비스 스냅챗Snapchat은 월간 사용자가 1억 명 이상이며, 추정 가치가 10조 원 이상인 잘 나가는 서비스이다. 스냅챗에서는 2015년 1월 뉴스 서비스인 디스커버Discover를 발표했다. 디스커버는 CNN · 버즈피드BuzzFeed · MTV 등에서 직접 제작한 영상 혹은 이미지와 짧은 텍스트로 이루어진 새로운 형태의 뉴스이다. 이 뉴스들은 스냅챗에 접속하는 사용자들에게 노출된다.

생산자 소셜
| 라이브 스토리와 모멘츠 |

앞서 보았던 것처럼 전통적으로 소셜은 생산자라기보다는 배포자로서의 역할을 맡고 있었다. 그러나 최근 소셜이 사람들의 중요한 활동 영역으로 자리 잡으면서, 소셜의 콘텐츠 자체가 뉴스로 사용되기 시작했다. 이는 유명인들의 SNS를 기존 미디어들이 뉴스의 소재로 사용하는 경우를 말하는 것이 아니며, 소셜 서비스가 자신의 콘텐츠를 이용해 새로운 뉴스를 만드는 것을 말한다. 이를 통해 소셜은 뉴스의 생산자가 된 것이다. 이는 이 글의 주장인 '소셜이 곧 미디어다'라는 명제에 가장 잘 들어맞는 예 가운데 하나일 것이다.

앞서 말한 스냅챗은 배포자로서 디스커버라는 서비스를 출시했을 뿐 아니라 라이브 스토리Live Stories라는 자신의 콘텐츠로 만든 뉴스를 제공한다. 라이브 스토리는 시상식이나 결승전, 집회 등과 같은 특정한 이벤트에 참여한 이들이 스냅챗에 올린 짧은 동영상들을 모아 보여준다. 이 콘텐츠를 뉴스라고 할 수 있을까? 적어도 그 행사의 면면이 궁금해 뉴스를 찾아보려 한 이에게는 이 라이브 스토리가 가장 생동감 있는, 궁극의 뉴스이지 않을까? 라이브 스토리는 소셜이 어떻게 새로운 미디어가 될 수 있는지를 잘 드러내는 한 가지 예이다.

▲ 스냅챗은 배포자로서 디스커버리라는 서비스를 출시했으며, 라이브 스토리라는 서비스를 통해 자신의 콘텐츠로 만든 뉴스를 제공한다.

트위터 역시 트위터 내에서 화제를 모은 소식이나 뉴스를 트윗과 함께 정리해서 보여주는 모멘츠Moments라는 서비스를 발표했다. 이 서비스 역시 뉴스와 다른 이들의 의견인 트윗을 함께 보여준다는 면에서 소셜의 생산자적 측면이 드러나는 것이다.

전통적인 커뮤니티 기반의 서비스들 역시 미디어의 역할을 충분히 할 수 있다. 미국 내

▲ 트위터는 트위터 내에서 화제를 모은 소식이나 뉴스를 정리해 보여주는 모멘츠 서비스를 시작했다.

10위권 규모의 웹 트래픽을 가진 게시판 기반의 서비스 레딧Reddit은 최근 업보티드Upvoted라는 서비스를 출시했다. 레딧은 사용자들이 올라온

글에 대해 찬성up vote과 반대down vote를 표시하고, 그 결과에 따라 글의 위치가 바뀐다는 특징이 있다. 업보티드는 레딧에서 인기를 끈 콘텐츠를 보여주는 뉴스 사이트이다. 이 서비스 역시 소셜에서 만들어진 콘텐츠가 뉴스로 등장한다는 면에서 미디어가 된 소셜의 예로 적절하다.

소셜의 활용

| 매셔블과 파운드 |

소셜이 가진 배포 기능을 분석해, 자신들이 생산한 뉴스의 확산을 위해 활용하는 미디어들이 있다. 예를 들어 매달 4,200만 명이 방문하는 온라인 미디어 매셔블Mashable은 사용자들의 반응을 파악해 앞으로 몇 시간 뒤 어떤 뉴스가 온라인에서 화제가 될지를 미리 감지하는 벨로시티Velocity라는 기능을 가지고 있다. 마치 타임머신처럼 기술적으로 불가능해 보이지만, 사실 이 기능은 소셜이 주는 정보를 최대한 활용한 것에 불과하다. 예를 들어 어떤 뉴스들에 대한 사람들의 반응이 충분히 축적되었다고 하자. 새로운 뉴스에 대한 사람들의 초기 반응과 유사한

▲ 매셔블은 사용자들의 반응을 파악해 화제가 될 뉴스를 미리 감지하는 벨로시티 기능을 갖추고 있다.

과거의 어떤 뉴스가 있다면, 이 새로운 뉴스가 최종적으로 온라인에서 어느 정도 반응을 얻을지 역시 과거의 데이터를 통해 추측할 수 있다. 이는 뉴스가 전파되는 소셜의 특성을 미디

어가 이용한 예이다.

뉴미디어를 이야기할 때 버즈피드BuzzFeed를 빼놓을 수 없다. 〈허핑턴 포스트〉를 성공시킨 후, 자신만의 미디어를 만들기 위해 독립한 조나 페레티Jonah Peretti는 리스티클(Listicle, '~해야 할 몇 가지' 식의 나열식 기사), 퀴즈, 비디오 등의 새로운 포맷을 이용해 〈뉴욕타임스〉와 맞먹는 월간 1억 5,000만 명의 독자들을 확보했다. 2015년 초 버즈피드는 소셜의 본질 을 파악할 수 있는 파운드Pound라는 기술을 발표했다.

파운드는 '네트워크 확산을 이해하고 최적화하는 과정Process for Optimizing and Understanding Network Diffusion'의 약자이며 다음과 같은 문제점에 대한 해답으로 출 발한 기술이다. 소셜의 기존 배포 정보는 특정 기사가 어떤 사이트에서 어느 정도 공유되고 읽혔는지에 대해서만 알려주지만(아래 그림 좌측 참조) 이 정보는 실제 웹에서 일어나는 현상을 제대로 반영하지 못하고 있다 는 것이다. 실제로는 누군가가 어떤 사이트에서 이를 공유했을 때, 다시 누군가가 이를 이메일로 전달하고 다시 누군가가 다른 사이트에서 이를

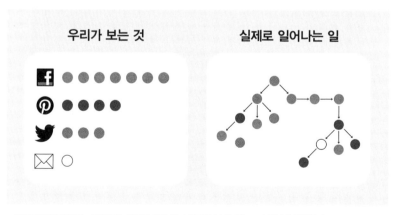

▲ 버즈피드의 파운드는 콘텐츠의 성격에 따른 전파 양상을 분석해 뉴스의 확산에 활용한다.

공유하는 일이 반복된다(앞의 그림 우측 참조). 버즈피드는 콘텐츠의 성격에 따른 전파 양상을 분석해 이를 다시 뉴스의 확산에 활용한다.

소셜 혁명이 미디어와 소셜을 통합하다

| 21세기 소셜 혁명 |

뉴미디어는 새로운new 용어가 아니다. 'New'라는 단어가 새롭지 않은 것과 같다. 어떤 미디어든, 그것이 처음 등장했을 때에는 새로운 미디어였을 것이다. 지금은 올드미디어의 대표 격이 되어버린 텔레비전이나 라디오도 마찬가지이다. 그러나 이 글에서 보았던 것처럼 지난

▲ 지금은 올드미디어의 대표 격이 된 텔레비전이나 라디오도 처음 등장했을 때에는 새로운 미디어였다. 하지만 지난 20년 동안의 변화는 더욱 특별했기 때문에, 뉴미디어라는 단어는 새로운 뉘앙스를 지닌다.

20년간의 변화는 더욱 특별했기에, 뉴미디어라는 단어는 이 시대에 걸맞은 새로운 뉘앙스를 지닌다.

　이 글에서 우리는 미디어가 어떻게 소셜과 관계를 가지며, 왜 오늘날 소셜 혁명이 미디어의 혁명으로 나타나고 있는지를 보았다. 미디어는 소셜에서 출발했으며, 다시 소셜로 돌아가고 있다. 최초의 미디어는 언어였고, 미디어는 생존을 위해 발생했으며, 미디어의 내용과 전파는 곧 소셜에 기반하고 있었다. 사회가 발달하면서 뉴스와 소셜은 분리되었다. 그리고 21세기의 소셜 혁명은 이제 다시 미디어와 소셜을 하나로 만들고 있다.

이효석

뉴스페퍼민트 대표. 1975년 진주에서 태어났다. 경남과학고를 조기 졸업하고 KAIST 물리학과에서 학사 · 석사 · 박사학위를 받았다. 전자통신연구원을 거쳐 2008년부터 2015년까지 미국 보스턴의 하버드 대학교 전자과에서 연구원으로 근무했다. 현재 재활의료기기를 만드는 네오펙트의 CAO로 근무중이다. 공저한 저서로 《엑소더스 코리아》 《하버드는 공부벌레 원하지 않는다》 《빅픽처 2015》가 있으며 《내일의 경제》를 공역했다.

빅데이터

빅 소셜 데이터를 주목하라

공학과 사회과학의 융합

태국인 N씨는 아침 비행기로 인천공항에 도착했다. 연남동의 게스트하우스에 짐을 푼 그는 케이팝의 팬인 듯하다. 그가 가장 먼저 간 곳은 합정동의 YG엔터테인먼트 건물. 그다음으로 방문한 곳은 홍대 정문 옆의 카페였다. YG엔터테인먼트의 대표 프로듀서인 테디와 협업하여 만들었다고 해서 유명해진 곳이다.

이와 같은 정보를 수집할 수 있는 것은 다름 아닌 마이크로 블로그 서비스인 트위터 덕분이다. N씨는 자발적으로 자신이 방문한 곳들의 기록을 트위터에 남겨놓았기 때문에 누구든 손쉽게 동선을 확인할 수 있다. 게다가 트위터의 구조상 각종 정보들을 데이터화하는 일은 어렵지 않다.

그런데 이러한 정보가 하나가 아니라 여럿이라면, 그것도 엄청난 수의 표본을 수집할 수 있을 정도라면 어떨까? 이러한 정보를 정리하다보면 어떠한 경향성이 드러나며, 그러한 경

향성에서 의미를 찾아내는 데 사회과학이 활용된다. 공학과 사회과학이 밀접하게 결합한 형태의 연구가 가능해지는 것이다. 서로 다른 학문·기술·산업 영역 사이의 경계를 넘나들며 새로운 주제의 연구에 도전하는 지식 융합·기술 융합·산업 융합은 새로운 가치 창조의 원동력이 되고 있다.

1977년 노벨 화학상 수상자이자 '열역학의 시인'이라 불리던 벨기에의 화학자 일리야 프리고진Ilya Prigogine 박사는 여러 분야의 학자 60여 명과 함께 연구 그룹을 형성하여 사회학·생물학·경제계획·도시계획 등의 분야에서 낭비 구조 이론을 연구했다. 과학과 인문학을 접목한 그의 연구는 다양한 학문 분야에서 파장을 일으켰다. 한국에서도 이러한 변화의 바람이 불기 시작했다. 이번 장에서는 소셜 네트워크를 활용한 빅데이터 분석에 대해 이해하고 그 사례를 살펴보며, 학문 간 융합 연구의 바람이 얼마나 거세어질지 가늠해볼 것이다.

소셜 네트워크는 진화중
| 싸이월드에서 인스타그램까지 |

개인의 표현 욕구가 강해지면서 사람들이 서로 사회적 관계를 맺고 친분관계를 유지할 수 있도록 돕는 온라인 소셜 네트워크(Online Social Network, 국내에서는 SNS로 많이 표기하지만 해외에서는 OSN으로 표기하는 것이 보통이다)가 점점 발달하고 있다. 온라인에서 서비스되는 카페·동호회 등의 커뮤니티는 특정 주제에 관심을 가진 이들이 모여 폐쇄적인 집단을 이룬다. 그에 반해 온라인 소셜 네트워크에서는 나 자신, 즉 개인이 중심이 되어 자신의 관심사와 개성을 다른 사용자들과 공유한다.

IT 분야의 리서치 및 자문 회사인 미국의 가트너 그룹에서는 소셜 네트워크를 크게 네 가지 유형으로 구분하고 있다. 첫 번째는 소셜 프로필을 관리하는 '소셜 네트워킹Social Networking' 유형이다. 페이스북이나 싸이월드가 대표적이다. 두 번째는 실시간으로 동시 작업을 가능하게 하는 기술을 말하는 '소셜 협업Social Collaboration' 유형이다. 특정한 사용자가 생산한 콘텐츠에 다른 사용자가 접근하여 편집·수정하는 등, 다수의 사용자가 협력해 콘텐츠를 완성해나가는 방식이다. 대표적인 예로 위키피디아Wikipedia를 들 수 있으며, 업무를 위한 소셜 협업 서비스도 다수 존재한다. 세 번째는 콘텐츠 저장소에 접근할 수 있는 '소셜 퍼블리싱Social Publishing' 유형이다. 이 유형은 네트워킹보다는 '공유'에 초점을 맞춘다. 소셜 퍼블리싱에는 블로그blog, 마이크로 블로그microblog, 라이브캐스팅livecasting 등이 포함되며, 가장 대표적인 예는 트위터이다. 마지막은 커뮤니티로부터 피드백과 의견을 모을 수 있는 '소셜 피드백Social Feedback' 유형으로 이는 리뷰 유형과 오피니언 유형으로 다시 나뉜다. 네이버 지식iN과 같이 이용자들이 질문하고 이에 스스로 답하는 과정을 통해 정보가 축적되고, 축적된 정보를 모든 이용자에게 공유되도록 하는 서비스가 소셜 피드백 유형에 속한다.

▲ 웹 3.0 및 모바일 시대를 맞아, 온라인 소셜 네트워크는 다양한 방식으로 진화하고 있다.

웹 3.0 및 모바일 시대를 맞이하여 온라인 소셜 네트워크는 다계층 소셜 네트워크Multi-layer Social Network, 위치 기반 소셜 네트워크(LBSN: Location-Based Social Network) 서비스를 제공하며 더욱 진화할 것으로 전망된다. 이러한 진화는 오픈 API(응용 프로그램에서 사용할 수 있도록 만든 인터페이스의 집합체)를 통해 다양한 연계 서비스를 만들고 네트워크 간 연결을 통해 다양한 신규 서비스를 창출하는 방향으로 진행될 수도 있다. 또 모바일 장치의 GPS 인터페이스를 통해 수집한 사용자들의 위치 정보를 바탕으로 여러 가지 생활밀착형 서비스를 제공하는 방향으로 진행될 수도 있다.

빅 소셜 데이터란 무엇인가
| 복잡계 이론에서 트위터 분석까지 |

온라인 소셜 네트워크에서 사용자들이 남기는 정보의 양은 어마어마

빅데이터

기존 데이터베이스 관리 도구로는 수집·저장·관리·분석할 수 없었던 대량의 정형 또는 비정형 데이터 집합을 의미한다. 빅데이터의 크기는 단일 데이터 집합의 크기가 수십 테라바이트에서 수 페타바이트에 이르며, 그 크기가 끊임없이 변화하는 것이 특징이다. 다양한 종류의 대규모 데이터를 생성·수집·분석·표현하는 빅데이터 기술의 발전으로, 다변화된 현대사회를 더욱 정확하게 예측하고 효율적으로 작동케 할 수 있게 되었다.

하다. 빅데이터를 수집·관리·처리할 수 있게 된 후로, 이러한 정보를 통해 사용자들의 행태를 통계적으로 관찰하고 분석할 수 있게 되었다.

온라인 소셜 네트워크 이전부터 물리학자들은 독립적인 분야로서 '복잡계 네트워크Complex Network'를 연구해왔다. 1969년 노벨 물리학상을 수상한 머리 겔만Murray Gell-Mann은 복잡계에 대한 연구가 미래에 가장 촉망받는 분야가 될 것이라고 보았다.

복잡계란 무엇일까? 우리 주변의 거의 모든 것들은 다양하고 수많은 구성요소로 이루어져 있다. 하나의 현상은 하나의 원인과 일대일로 대응하지 않는다. 이러한 현대 세계의 현실을 설명하기 위해 생겨난 것이 복잡계 개념이다. 많은 사람들이 서로의 이해관계로 얽혀 있는 우리 사회, 수많은 컴퓨터들이 여러 가지 통신수단을 통해 연결된 인터넷이 복잡계의 좋은 예다. 최근 주목받고 있는 네트워크 과학에서는 바로 이 복잡계의 구성요소들과 그들 간의 상호작용을 점과 선으로 단순화한 뒤, 네트워크 또는 그래프로 바꾸는 방법으로 많은 연구를 진행하고 있다. 이를 통해 전혀 다른 분야에서 도출되는 네트워크들의 모양이 신기할 정도로 유사하다는 것이 알려졌고, 다양한 연구 대상 사이의 공통점에 대한 관심이 높아지게 되었다. 여러 학문 분야에 걸쳐 있던 복잡계의 연구 대상들은 '네트워크'라는 하나의 주제로 통일되면서 자연스럽게 학제 간 연구로 발전하고 있다.

▲ 트위터는 방대한 양의 데이터를 비교적 쉽게 수집할 수 있기 때문에 연구자들이 가장 관심을 보이는 플랫폼이 되었다.

앞서 설명한 네 가지 유형의 소셜 네트워크 가운데 연구자들이 가장 관심을 보이는 플랫폼은 트위터이다. 2015년 초 실시한 조사에 따르면 트위터의 활성 사용자는 전세계적으로 월 평균 2억 8,400만 명에 이르며 이들이 매일 약 5억 건의 트윗을 게재한다. 트위터는 오픈 API를 사용하기 때문에 방대한 양의 데이터를 비교적 쉽게 수집할 수 있다. 페이스북이 폐쇄형 소셜 네트워크에 가깝고 API를 통한 데이터 공유도 쉽지 않기에 연구 플랫폼으로 활용하기 어려운 것과 대조적이다. 트위터는 실시간으로 사용자들의 트윗을 수집할 수 있고, 수집한 메타데이터(metadata, 다른 데이터를 설명해주는 구조화된 데이터) 세트 내에서는 사용자 ID, 사용자가 트윗을 보낸 시각, 사용자가 트윗을 보낸 위치(위치 정보는 사전에 본인의 위치 공유를 허용한 사용자에 한해 수집된다), 팔로워 및 팔로잉 숫자 등 많은 필드를 확인할 수 있다. 이러한 정보를 통계학적으로 분석하고 새로운 정보를 찾아내어 사용자들의 본질적인 특성을 사회학적·인지과학적 측면에서 파악할 수 있으며, 나아가 새로운 서비스의 마케팅 도구로도 사용할 수 있다.

내 친구의 집은 어디일까?
| 공학과 사회과학 융합 연구의 사례 |

빅데이터를 쉽게 수집할 수 있는 트위터의 구조 덕분에 이를 이용하여 친구 관계의 특성을 분석하고 이해하는 연구들도 적지 않게 진행되었다. 최근에는 트윗에 담긴 GPS 정보를 이용한 연구가 활발하다. 필자는 최근 경영학 전공자인 광운대학교 조재희 교수, 뉴질랜드 오타고 대학교의 에버렛Everett 교수와 함께 트위터 사용자의 공간 정보를 활용한 연구를 수행했다.[1] 거리에 따른 친구 관계를 분석한 것이다. 공학과 사회과학이 밀접히 결합된 융합 연구의 사례로서 연구의 과정과 결과를 간략히 소개하겠다.

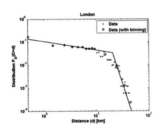

▲ 런던에 거주하는 트위터 사용자들의 데이터로 분석한 '거리에 따른 친구 분포'를 나타낸 그래프. 사용자가 거주하는 도시의 경계를 벗어나면 친구의 수가 급격히 감소함을 확인할 수 있다.

트위터에서 다른 사용자를 언급하는 기능인 '멘션mention'은 사용자 아이디 앞에 '@'기호를 붙임으로써 구현된다. 필자가 연구에 사용한 데이터 세트(Data set, 컴퓨터상에서 한 개의 단위로 취급하는 데이터의 집합)는 표본으로 선정한 사용자들의 멘션 기록으로 구성되었다. 여기에는 멘션이 누구에게 전송되었는지를 나타내는 정보와 어디에서 전송되었는지를 나타내는 공간 정보(경도와 위도 좌표), 시간 정보가 포함된다. 이러한 트윗 자료를 통해 우리는 사람들이 자신 근처에 거주하는 사람들과 교류를 더욱 많이 하는 경향이 있다는 사실을 밝히고 공간과 사회적 관계 간의 본질적 연결고리를 규명하고자 했다.

연구 결과 사용자와 멘션을 자주 주고받으며 교류하는 친구 수 분포는 사용자가 살고 있는 도시의 경계선 이내에서는 거리에 따른 영향을 훨씬 덜 받는다는 사실을 확인했다. 즉 특정 사용자와 친구가 될 확률은 도시 경계선 이내의 거리까지는 아주 서서히 감소한다. 반면 사용자가 거주하는 도시 경계선 바깥의 지역에서는 친구 수 분포가 거리에 더 심하게 영향을 받게 된다. 특정 사용자와 친구가 될 확률이 해당 사용자가 거주하는 도시 경계선을 벗어나면 급격하게 감소하는 것이다.

이러한 특성은 다음과 같은 사회학적 의미로 해석할 수 있다. 트위터 사용자들은 주로 근거리 연결을 통해 사람들과 일대일로 소통하는 경향이 있고, 일대일 장거리 통신은 아주 간헐적으로 일어난다. 이러한 결론은 개개인이 위치 기반 커뮤니티Location-based Community를 통해 친구들과 교류하고 있음을 시사한다.

여기서 간략히 소개한 연구 결과는 공학과 사회과학이 밀접하게 결합된 융합 연구의 결과물이며, 공학적 지식만으로는 도출하기 어렵다. 앞으로는 이러한 방식으로 소셜 네트워크를 연구하는 사례가 더욱 많아지리라 전망된다.

소셜 네트워크는 어떻게 사용되는가?

| 융합 연구의 확장 가능성 |

소셜 네트워크에서 수집한 데이터를 활용한 연구는 앞에서 소개한 방식 외에도 그 시야를 다양한 곳으로 돌릴 수 있다. 공간 정보를 활용한 분석을 중심으로 가능한 주제들을 살펴보자.

먼저 한류 및 콘텐츠 산업에서 소셜 네트워크의 공간 정보를 활용할 수 있다. 정부의 지원과 한류 열풍으로 콘텐츠 시장의 매출 규모는 2008년 63조 7,000억 원에서 2011년에는 82조 6,000억 원으로 확대되었다. 이제 차별화되고 고도화된 콘텐츠 사업 전략을 수립해야 할 시점이다. 여기에 소셜 네트워크의 공간 정보를 분석하는 연구가 도움이 될 수 있다.

예컨대 한국을 방문한 외국인이 트위터에 남긴 공간 정보를 지도에 표시하면 그의 관심 지점(POI: Point-of-Interest)을 확인할 수 있다. 이러한 정보들을 사용자의 국적별로 모으고 방문 지역과 국적 사이의 상관관계를 분석한다면 한류 문화 산업을 성장시킬 정책을 마련하는 데 큰 도움이 될 것이다.

마찬가지 방법으로 관광산업에서도 소셜 네트워크의 공간 정보를 활용할 수 있다. 문화체육관광부나 한국관광공사, 각급 지자체 등에서 외래 관광객 실태 조사를 주기적으로 실시하고는 있지만, 이러한 설문 조사는 자기기입식 설문지 작성 방식으로 진행된다. 이 방식에는 '불완전한 기억의 회상'이라는 근본적인 한계가 있다. 수집된 데이터의 정확

▲ 소셜 네트워크의 공간 정보는 다양한 방식으로 활용될 수 있다. 예컨대 한류 팬이 트위터에 남긴 공간 정보를 수집하면 그들의 관심사를 파악하는 것이 가능하다.

성을 보장하기 어려운 것이다. 이러한 설문조사 결과 대신 트위터 등 소셜 네트워크에 남겨진 공간 정보를 활용하면 외래 관광객의 방문 실태를 더욱 정확하게 파악할 수 있다. 이러한 연구 방식을 확장하면 중국 춘절 기간의 도시와 농촌 간의 인구 이동 패턴, 이탈리아·한국 등 반도 국가와 중국·러시아 등 대륙 국가 국민 간의 이동성 비교, 한중일 관광객의 스페인 내 이동경로 비교 등 구체적이고도 실용적인 주제를 탐구할 수 있게 된다.

관심 지점 연구에도 이러한 정보를 활용할 수 있다. 특정 사용자가 남긴 방문 정보와 글을 분석하여 사용자가 관심을 가질 것이라 예상되는 장소를 추천하는 것이다. 관심 지점을 파악할 수 있다면 '관심 지역 경계선 검출'도 가능해진다. 이것은 관심 지점의 중심 위치로부터 다양한 형태로 경계선을 추정하는 기술인데, 사용자의 생활반경을 토대로 전달되는 행정구역 중심의 날씨 정보를 떠올리면 이해하기 쉬울 것이다. 이러한 기술을 기반으로 날씨 정보 외에도 공공 안전 서비스, 교통 정보 서비스, 일괄 경보 통신 서비스, 생활 정보 서비스 등이 가능해진다.

마지막으로 의학 분야에서도 소셜 네트워크의 정보가 활용될 수 있다. 전염병 확산 추이를 분석한다고 가정해보자. 호흡기를 통해 전염되는 질병의 경우, 소셜 네트워크의 기록을 분석한다면 질병 확산 경로를 파악하거나 추정하는 데 도움이 될 수 있다. 실제로 2013~2014년 서아프리카 전역에 퍼졌던 에볼라 바이러스 확산을 방지하기 위하여 소셜 네트워크의 데이터를 분석한 바 있다.

교육계에 부는 공학과 사회과학의 융합 바람
| 대학교에 개설되는 새로운 학과들 |

사회 전반에 '융합' 바람이 불면서 국내의 대학교에서도 IT융합공학과·소프트웨어융합학과·의공학과·자동차공학과 등이 신설되었다. 대체로 나노 기술·바이오 기술·정보 기술의 융합만을 추구한 학과들이었다. 그런데 빅데이터 처리 기술의 발전이 이러한 흐름을 바꾸어놓았다. 최근 들어 컴퓨터공학·경영학·통계학을 융합한 학과들이 단국대를 비롯하여 경희대학교·국민대학교·서울과학기술대학교·성균관대학교 등에서 신설되고 있다.

단국대학교 일반대학원에 신설된 데이터사이언스 학과의 경우 세계적인 기업용 소프트웨어 회사인 SAP와 경기도, 단국대학교가 공동으로 빅데이터 전문 인력 양성을 위해 양해 각서MOU를 체결해 만든 것이다. 이 학과에서는 컴퓨터학·소프트웨어학·통계학에서 다루는 데이터 관리 및 분석 기술과 함께 SAP의 실무와 직결되는 기술을 교육한다. 사회 모든 분야에 융합 기술을 적용할 수 있는 인력을 양성할 교육 시스템을 구축한 것이다.

바야흐로 진정한 통섭형 인재를 양성하기 위한 미래 지향적 교육이 시작되려 하고 있다. 학제 간의 다양한 융합 연구가 진행될 수 있도록 더 많은 융합 학과가 신설되기를 기대해본다.

신원용

단국대학교 교수. 카이스트 전자전산학과에서 박사학위를 취득하고 하버드 대학교에서 박사후연구원으로 근무했다. 현재 단국대학교 국제학부 모바일시스템공학과 및 대학원 컴퓨터학과에 재직 중이다. 주된 연구 분야는 정보이론·통신이론·신호처리·모바일 컴퓨팅 등 전자전산학 분야이지만, 최근 들어 소셜 네트워크 분석과 같은 사회과학과의 융합 학문에 관심을 가지고 있다.

금융

핀테크, 디지털시대의 새로운 금융 패러다임

디지털시대, 우리는 무엇을 신뢰하는가?

영화 〈암살〉의 시대를 떠올려보자. 당시 전차에 탄 사람들은 차장에게 현금을 지불했다. 이후 버스가 생기자 토큰과 회수권이 차례로 지불수단이 되었다. 현대의 우리는 교통카드를 쓴다. 그리고 조만간 손목시계로 요금계산을 하는 세상이 온다. 이렇게 우리의 경제생활 방식은 기술의 발전에 따라 조금씩 바뀌어간다.

이 장에서 살펴볼 핀테크는 Finance(금융)의 Fin과 Technology(기술)의 Tech가 합성된 말이다. 최근 핀테크에 관심이 크게 증가하였고, 투자 규모 역시 급격히 늘고 있다. 글로벌 컨설팅 회사 액센츄어에 따르면 작년 세계의 핀테크 관련 투자 규모는 약 13조 원으로 2008년 대비 약 13배 증가했다. 또한 벤처캐피탈 전체 규모가 63퍼센트 성장한 데 비해, 핀테크 투자는 201퍼센트 증가되었다.

핀테크가 이렇게 주목받는 이유는 이 흐름이 미래의 생활방식은 물론 금융생태계의 구도까지 변화시킬 만한 강력하고도 새로운 패러다임이기 때문이다. 미국의 경우 페이팔·스퀘어·렌딩클럽·민트 등 핀테크 스타트업들이 고속 성장을 이루고 있으며, 애플·구글 등의 대형 IT기업들도 핀테크 영역으로의 진출에 적극적이다. 이러다 보니 일각에서는 미 금융의 중심이 동부에서 서부로 이전되고 있다는 해석을 내놓을 정도다. 또한 중국도 알리바바·텐센트와 같은 초대형 정보통신기술ICT 기업들이 자산운용·대출·수신 등의 영역에서 빠르게 사회 변혁을 일으키고 있다. 중국의 ICT 기업들이 파격적인 정부지원 속에 지금처럼 승승장구한다면 앞으로 O2O까지 아우르며 미국도 넘어서리라는 것이 일부 업계의 예상이다.

우리나라의 핀테크 시장도 이러한 흐름에 발맞추어 진화하고 있다. 금융위원회는 2015년 5월 '핀테크 산업 활성화 방안'을 발표했고, 특히 인터넷전문은행 출범에 따라 국내 유수 금융·ICT·스타트업 회사들이 중지를 모으기도 했다.

이렇게 새 시대를 열어가는 핀테크에 대해 우리는 얼마나 알고 있을까. 변화의 본질을 이해하고 보다 스마트한 경제 시민이 되어가고 있을까. 핀테크가 무엇이고 우리 개개인에게 어떤 의미로 다가오게 될지 다함께 생각해보자.

아날로그 무경험 세대를 위한 미래금융
| 손에 잡히진 않지만 그 가치를 믿다 |

우리가 현재 은행을 이용하는 모습을 떠올려보자. 아직 많은 부분들이 물리적 형태로 유지되고 있음을 느낄 수 있을 것이다. 일단 우리는 '지갑'을 쓴다. 그 지갑 안에는 나를 인증해줄 '신분증'과 자주 쓰는 '카드' 그리고 얼마간의 '지폐'가 들어 있다. 그리고 우리는 정해진 '시간'에 맞춰서 특정 위치에 있는 은행 '지점'을 찾아가야 하며, '상담원'이 있는 '창구'에서 일을 보기 위해 '번호표'를 뽑고 필요한 '서류'에 기입을 한 후 '대기 의자'에 앉아 차례를 기다린다. 주변에는 상품 정보에 관한 '리플릿'이 놓여 있고, 저 너머에는 다양한 '금융 전문 사무기기'들이 보인다. 그리고 그 안쪽에는 '금고'가 있다는 것을 안다.

은행의 모습을 묘사한 이 문장들에서 따옴표로 표시된 항목들은 앞으로 차츰 눈앞에서 사라져갈 것이다. 왜냐하면 이들 대부분이 디지털 서비스로 전환되어 스마트폰 속으로 하나둘씩 들어갈 것이기 때문이다. 실제로 지난해 말부터 애플과 삼성전자는 신형 스마트폰에 플라스틱 카드를 대체하는 서비스를 내장하기 시작했다. 이미 우리는 사람의 손을 거치지 않고 모바일을 통해 받는 금융 서비스에 조금씩 익숙해지고 있다. 지점 창구 직원들이 자사 앱APP을 얼마나 쉽게 이용할 수 있는지 고객들에게 가르쳐주는 모습은 그다지 낯설지 않다. 사람들이 앱 활용에 익숙해질수록 앱으로 처리할 수 있는 일들은 많아진다. 굳이 상담원을 만나 처리하는 모습을 보기는 힘들어질 것이다. 종이통장도 2년

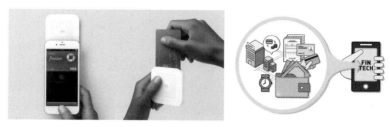

▲ 지금의 은행에는 아직도 많은 것들이 물리적 형태로 남아 있다. 하지만 앞으로 이러한 것들은 디지털로 전환될 가능성이 크다.

후부터는 더 이상 발행되지 않을 것이며, 60세 이상인 사람이나 희망하는 사람에 한해 예외가 허용될 것이다.

이렇게 우리가 경제생활에서 익숙하게 생각해왔던 매개체들이 디지털 혁명을 통해서 점차 사라져가는 현상은 소비자, 그리고 산업 관계자들에게 어떤 의미를 지니게 될까? 분명 이러한 흐름은 앞으로 더욱 가속화될 것이다. 이미 우리는 가상현실을 통해 재난 상황 대비훈련을 하고 고소공포증이나 약시를 개선하고 있다. 앞으로 현실을 배경 삼아 3차원 가상 이미지가 겹쳐지는 증강현실의 시대가 되면 금융에서도 더욱더 다양하고 차별화된 서비스가 등장할 것이다. 그것을 구체적으로 상상하고 실현하는 사람이 사회를 변화시키는 힘을 가지게 될 것이다.

먼저 아날로그에 대한 기억이 거의 없는, 디지털 네이티브Digital Native들의 세상을 예상해보자. 분명 우리와 우리의 자녀 세대는 근본적으로 다른 경제생활 패턴과 서비스 개념을 갖게 될 것이다. 지금 우리는 조직과 상담이 금융 서비스 성립의 기본이라고 생각한다. 하지만 디지털 네이티브 세대는 그것이 처음부터 앱으로 존재했다고 인식할 수 있다. 만약 본인인증 기술이 향후 자동생체인식 수준에 이르게 되면 현재 우

디지털 네이티브

디지털 기기에 둘러싸여 태어나 성장한 세대를 지칭하는 용어. 이들은 디지털 언어와 장비를 자유자재로 사용할 것으로 전망된다. 2001년 미국의 교육학자 마크 프렌스키가 처음 사용했으며, 대체로 1980년 이후에 태어난 세대를 일컫는다.

리에게는 너무나 필수적이고 익숙한 비밀번호 입력 시스템은 과거의 유물이 될 수도 있다. 우리가 부모님 세대에게 설명하기 힘든 새로운 생활양식들이 많이 생겨났듯이, 미래 세대가 당연시하게 될 새로운 서비스가 어떤 모습이 될지 상상해보는 것은 무척 재미있는 일이다.

또한 스큐어모피즘Skeuomorphism을 극복하는 것이 미래 금융 선도의 비결이 되리라 예상한다. 스큐어모피즘이란 오프라인상의 형태와 흡사한 이미지 요소를 온라인·디지털 시스템 디자인에 반영하는 경향을 의미한다. 컴퓨터 화면에 있는 종이폴더 모양의 파일폴더 아이콘이나 플로피디스켓 모양을 한 워드프로세스의 저장아이콘이 그 예다. 그러나 현실에서 이런 물품들이 사라져가고 있다. 그렇기 때문에 아이콘들이 단순화되고 또 추상화되고 있다. 소셜 미디어에서 물리적 형태를 차용하기보다는 개념이나 행위를 시각화하여 공유 버튼을 디자인한 것도 이런 경향을 보여준다.

미래의 금융 서비스도 현재의 개념 분류가 해체되고 새로이 구성된 제3의 덩어리여야만 할지 모른다. 과거에 친숙했던 모습들의 차용은 디지털 사회로 완전히 변모하기 전에 태어난 사용자들이 보다 쉽게 새로운 IT 기능을 이용할 수 있도록 돕는다. 실제로 애플이나 삼성의 모바일 결제 서비스에서 스마트폰을 POS 기기에 가져가면 플라스틱 카드의 형태를 똑같이 닮은 이미지가 화면에 나타나는 것이 한 가지 예다. 그러나 디지털 네이티브 세대를 고려한 창조를 하려면 완전히 새로운 상상력이 필요하다. 앞으로 펼쳐질 핀테크 경쟁도 이와 마찬가지로 눈에 보이지 않는 곳에서 승부가 날 확률이 크다. 현실 속의 금융을 모바일로 옮기는 데 그치는 것이 아니라 남다른 상상을 통해 완전히 새롭고 매력적인 아이디어가 현실화되는 것, 그것이 궁극적으로 우리가 꿈꾸는 미래이다.

▲ 디지털 네이티브들에게 어떤 아이콘들은 이해할 수 없는 형태일 수 있기 때문에 그 형태가 단순화되고 있다. 이와 마찬가지로 미래의 금융 서비스도 현재의 모습과 다르게 재구성되어야 할 것이다.

영화 〈헝거게임〉의 주인공은 아무 설치물도 없는 빈방에서 활쏘기 훈련을 한다. 그녀는 레이저빔과 홀로그램으로 다가오는 가상의 적들을 온 힘과 집중력을 다해 물리치고 최고의 전사로 거듭난다. 과연 우리 대한민국은 이렇게 손에 잡히지 않는 추상적 개념과 서비스를 기반으로 새로운 금융 '생태계' 건설에 성공할 수 있을까? 손바닥만 한 디바이스를 통해 최첨단 기술 기반의 분석 내용을 토대로 맞춤 투자 기회와 조언을 제공받게 될 때, 사람들은 그 가치를 인정할 수 있을까? 화려한 건물 속 고급 의자에 앉아 받던 프라이빗 뱅킹 서비스에는 응당 높은 서비스 비용을 지불해야 한다고 생각하지만, 그보다 더 혁신적이면서 편리할 수 있는 새로운 서비스에도 마찬가지의 인식을 하게 될까? 판은 이러한 변화를 대중에게 인식시키고 설득해야 바뀔 수 있다. 대중은 손에 잡히지 않는 새로운 존재들이 신뢰할 만한 것이라고 여겨질 때라야 비로소 인식을 바꿀 것이다.

금융 블루오션을 찾아주는 소셜 네크워크

| 서로를 만난 적 없어도 믿음을 줄 수 있는 세상 |

핀테크는 앞서 설명하였듯 기존 서비스의 채널과 인터페이스의 개선을 통해 편의와 효율을 제고하기도 하지만, 무엇보다 선례 없는 새로운 비즈니스 모델을 창출하고 있다는 점이 큰 특징이다. 온라인을 통해 많은 사람들로부터 모금을 하고 프로젝트나 벤처를 지원하는 크라우드펀딩Crowd Funding이나 본 적 없는 개인들 간의 온라인 금융거래를 가능하게 해주는 P2P(Peer-to-Peer, 개인 대 개인) 대출 등이 그 대표적인 예다.

과거에는 자금을 마련하려는 기업은 전문 기관을 통하는 것이 일반적이었다. 금융회사가 정해놓은 방식에 따라 대출을 받거나 공모·유상증자 등을 거치게 되고, 그 기관 소속 전문가의 판단에 따라 금액이 정해졌다. 그 자금을 제공하는 쪽은 금융회사의 대출이자나 운영 수익을 믿고 예금·투자·납입 등의 방식으로 돈을 맡긴다. 이런 구조는 옆집 이웃이나 지인에게 돈을 빌려야 했던 옛날 옛적보다는 훨씬 유연하고 전문적이다. 그러나 여전히 지점과 같은 오프라인 공간 기반의 서비스이기 때문에 발이 닿는 범위를 크게 넘어서지는 못하고 있다.

그러나 온라인 세상은 만남과 소통에 있어 물리적 제약을 사라지게 만들었고, 특히 네트워크와 소셜 미디어의 발달은 사람들 사이의 경제 관계를 새롭게 정립하고 있다. 그로 인해 첫 번째로 변화할 수밖에 없었던 산업이 미디어이다. 더 이상 특정 미디어를 그 미디어만의 매개물로 볼 필요가 없어져버렸다. 디지털유통 시대를 사는 사람들은 온라인이라는 공간에서, 믿고 있는 친구 또는 대중에게 선택된 방식으로, 스스로의 필요에 따라 미디어 영역을 알아서 채워가고 있다. 이는 콘텐츠 제작·유통·수익화가 일원화된 기존 체제에서 안정을 누렸던 전통 신문미디어에 큰 타격을 주었다. 이런 변화와 충격은 그 다음 디지털 혁명의 타깃이 될 전통 산업계에 큰 교훈이 되고 있다. 실제로 핀테크 관련 보고서 상당수가 미디어산업의 변화로부터 타산지석의 통찰을 얻으려 하고 있다.

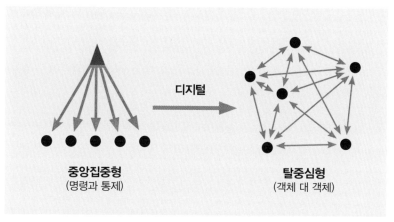

▲ 디지털화는 소셜 네트워크적인 경제 형태를 촉진시킨다.

이렇게 자유로운 온라인 세계를 통해 발달한 새로운 비즈니스 모델

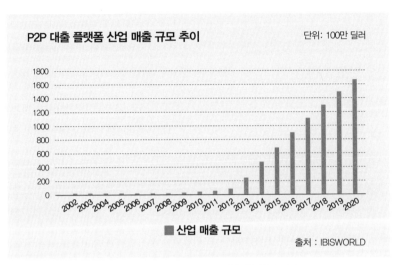

P2P 대출 플랫폼 산업 매출 규모 추이　　　단위: 100만 달러

출처 : IBISWORLD

▲ P2P 대출 산업 매출을 예측한 자료. 성장 폭이 크게 늘고 있음을 확인할 수 있다.

은 승승장구하고 있다. 예컨대 유명 크라우드 펀딩 플랫폼 킥스타터·인디고고 등에서는 누구든지 아이디어나 시제품을 전세계 사람들에게 선보일 수 있다. 사이트에 제품 콘셉트를 소개하고 필요한 자금과 사용계획을 올리면 전세계에 있는 누구든지 아주 작은 금액이라도 투자하고, 약속된 보상을 조건에 따라 받을 수 있다. 이는 복잡한 서류·평가·신용담보 없이는 자금 모집이 어려웠던 기존의 방식에 견주어 획기적인 대안으로 평가받으며, 전세계적으로 빠르게 보편화되고 있다. 이미 그 시장 규모는 344억 달러에 이르렀으며, 매년 2~3배씩 팽창하고 있다.

또한 P2P 대출 산업도 무럭무럭 성장 중이다. 작년 세계 P2P 대출 시장 규모는 약 10조 원 정도로, 최근 5년 누적 성장률이 연평균 130퍼센트에 달한다. 중국의 P2P 대출 기업은 이미 1,000여 개에 달하며,

매달 20~30퍼센트씩 증가하고 있다. 특히 2007년 창업한 미국의 핀테크 스타 렌딩클럽은 P2P 대출시장에서 연 90퍼센트의 성장률을 나타내며 독보적인 성장을 하고 있다. 렌딩클럽은 대출 신청을 온라인으로 접수 및 심사한 후 신용등급을 매겨 플랫폼에 게시하며, 개인 투자자들은 이 명단을 보고 대부 여부를 결정한다. 이들은 인터넷을 통해 기존 은행보다 낮은 금리로 대출해주고, 투자금은 대출 신청자들에게 25달러 단위로 소액 분산 투자됨으로써 위험 부담을 줄인다. 이렇게 성장한 렌딩클럽의 지난해 대출액은 5조 원, 뉴욕 증권거래소 상장 직후의 기업 가치는 9조 원에 달했다.

새로운 핀테크 비즈니스 모델들은 과거의 비즈니스 모델과 어떤 점이 다를까? 가장 큰 차별점은 그동안 소수의 전문가 중심 기관으로 한정되던 금융업이 자연인들 사이의 직접적이고 자발적인 네트워크 기반의 플랫폼 사업으로 진화해나간다는 점이다. 판단의 주도권이 불특정 다수에게로 이동되기 때문에 민주적인 특성이 강화된다고도 볼 수 있다. 이런 흐름을 타고 이미 크라우드 펀딩은 난민 돕기·예술 지원·여행비용·정치 후원 등 분야를 막론하고 사회 곳곳으로 뻗어나가며, 좋은 취지를 응원하고 나의 만족도 높이는 하나의 문화로 자리 잡아가고 있다.

이런 환경에서의 투자는 수익 외에도 다양한 새로운 변수가 의사결정 및 우선순위에 영향을 주는 것으로 보인다. 예를 들어 정성스러운 글과 영상 등으로 꾸며진 신청자의 사연을 읽고 얻은 마음의 감동이 동기가 될 수도 있다. 또한 자신의 투자금이 역경을 해결하는 데 도움이 됐을 때 느끼는 희열이 참여의 동기가 되기도 한다.

이런 이유로 소셜 금융에서는 스토리와 게이미피케이션(Gamification, 게임이 아닌 것에 게임과 같은 재미있는 요소를 넣어 사용자를 몰입시키는 과정)이 중요해질 것으로 생각된다. 공동체의 미션완수 같기도 하고, 캐릭터 육성 같기도 한 새로운 금융 트렌드에서 열광적 참여를 이끌어내는 능력은 사소하게 취급하기 어렵다. 다 같이 어떤 가치를 만들어나갈 계획인지, 그 철학과 감성을 효과적으로 공유하는 내러티브가 중요해진다. 그것을 효과적으로 매개할 줄 아는 사람이 새로운 금융 블루오션의 주인이 될 것이다.

소수의 전문가가 아닌 다수의 공중을 설득하면 무한한 지원도 확보할 수 있는 새로운 금융의 시대. 얼마 전 페이스북이 약 2조 5천억 원을 지불하고 인수한 가상현실 기기 전문회사 오큘러스도 크라우드 펀딩으로 그 꿈이 시작된 사례였다. 소셜 네트워크적 접근이 가미된 새로운 경제관계에서 개인이 가져야 할 기대와 리스크는 과연 어디까지일까. 모두에게 경험이 부족한 것은 분명한 사실이지만 그럼에도 새로운 비즈니스나 문화는 모험심으로부터 창출된다. 다행스럽게도 여러 형태의 소셜 금융을 제도권으로 포함시켜 안정화하려는 법제화 논의가 활발히 이루어지고 있다. 향후 많은 핀테크 업체들은 불명확하다는 이미지의 굴레를 벗고 더욱 다양한 아이디어를 양성적인 환경에서 실현할 수 있게 될 것으로 보인다.

어떻게 하면 한 번도 만난 적 없는 사람들 사이에 신뢰가 구축될 수 있는 것일까? 우리는 미국의 스마트폰 기반 교통 서비스 회사 우버Uber의 케이스에서 작은 영감을 얻을 수도 있다. 우버는 택시보다 더 깐깐하게 현지 운전자의 신원을 확인한다는 점으로 사람들에게 신뢰를 주

▲ 핀테크는 다수의 공중을 설득하여 무한한 지원금을 모을 수 있는 새로운 금융의 시대를 열어가고 있다. 사진은 크라우드 펀딩 사이트 중 하나인 킥스타터.

었다. 앱으로 차량을 부르면 운전사의 얼굴 사진과 이름이 스마트폰에 표시되고 이것이 영수증 파일에도 첨부된다. 스마트시스템으로 신뢰를 높인 좋은 사례다. 핀테크 영역에서도 심리평가를 기반으로 한 새로운 신용평가 모델을 만들어, 금융 이력이 없는 사람들의 성격을 검사해 상환가능성을 판별하는 비주얼디엔에이Visual DNA라는 회사가 출현하기도 했다. 이 새로운 신용평가 모델은 동남아시아 등에서 적용되고 있다. 우리 핀테크 기업들도 더욱 창의적인 기술로 믿음의 연결고리를 효과적으로 제공하기 위해 노력하고 있다. 이러한 새로운 흐름에서 더 많은 혜택을 누리려면 어떻게 해야 할까? 참여와 자율의 정신이 한층 강화되는 소셜 금융의 시대에는 자신의 요구와 가치를 진정성 있게 소통해내는 지혜가 더욱 중요해지리라 사료된다.

탈중심화, 그리고 새로운 플레이어들
| 사회적 합의가 필요한 디지털 사회에서의 금융신뢰 |

　우주의 탄생을 논하는 빅뱅이론에 따르면 양립하는 두 존재가 부딪혀 폭발하면 더 크고 새로운 세상이 만들어진다고 한다. 새로운 플레이어들과 기존 전통 금융기관들의 협력 및 경쟁 속에 뜨겁게 태동하는 현재의 핀테크 현상을 주시하다 보면 그러한 느낌을 받곤 한다. 글로벌 컨설팅 회사 매킨지는 2025년까지 은행 매출의 40퍼센트, 수익의 60퍼센트가 줄어들 수 있다고 경고했다. 금융 지형이 급격히 변화될 수 있는 이러한 창조적 파괴를 우리 사회는 어떻게 받아들이고 있을까. 이어서 어떤 관행과 규칙이 새 시대에 맞추어 변화하게 될까.

　주목할 만한 현상 가운데 하나로 탈중심화를 들 수 있다. 현대사회는 중앙정부의 엄격한 건전성 규제를 통하여 전체 국가경제의 안정성을 지켜왔다. 기본적으로 중앙은행 금리가 통화량을 조절하고, 금융사의 부실이 커지면 정부는 예금보험과 같은 제도로 고객의 피해를 최소화했다. 또한 구제금융 정책으로 공적 자금을 투입하기 때문에, 정부는 경영권을 가지고 구조조정 등으로 부실화된 금융사를 정상화하는 일도 수행한다. 고객의 돈을 지키기로 약속한 제도권 금융사들 가운데 하나만 무너져도 그 사회적 파장이 이루 말할 수 없이 크다. 그러므로 관리감독과 규제의 역할을 가진 정부의 책임은 엄청나다. 더구나 지금 같은 글로벌 시대에는 금융 문제의 파급력이 국내로만 한정되지 않는다. 1997년의 아시아 발 금융위기와 2008년의 미국 발 금융위기는 금융

시스템을 전세계적으로 재정비하도록 만들었다.

그런데 최근, 중앙정부를 보완할 가능성을 지닌 새로운 기제가 나타났다. 바로 블록체인blockchain security technology이다. 블록체인은 가상화폐 거래 시 발생할 수 있는 해킹을 막는 기술로 흔히 알려져 있는데, 비트코인이 화제가 되면서 함께 주목받았다. 2013년부터 전세계 금융시장에 큰 파장을 가져온 비트코인은 특정 국가의 화폐기로 인쇄되는 실물 화폐가 아니다. 그러나 블록체인 알고리즘으로 완벽히 암호화되어, 현재는 물건 구매가 가능할 뿐 아니라 국제 송금도 손쉽고 저렴하게 할 수 있는 온라인 가상화폐이자 실물화폐의 떠오르는 대안으로 논의되고 있다.

우리가 이 현상에서 정말로 주목해야 하는 것은 블록체인의 핵심 철학이다. 이 시스템에서는 전세계의 모든 거래를 네트워크로 투명하게 공유하여 다함께 검증한다. 누구나 전세계 거래 기록을 공개 누적장부로 만들어 볼 수 있고, 각각의 수많은 장부는 상호 대조되어 가장 정확한 것 외에는 폐기된다. 이 알고리즘의 수학적 기반은 사카시 나카모토라는 신비의 인물에 의해 연구된 것으로, 그 분량은 10쪽 미만일 정도로 짧다. 그러나 집단지성으로 시스템을 운영하기 때문에 개인 단위의 왜곡은 거의 불가능하다는 것이 수많은 유명 해커들에 의해 증명되어 더욱 화제가 됐다.

이 분산형 네트워크 기반의 디지털 암호화 기술은 그동안 절대시해왔던 중앙의 통제와 보증이 없어도 신뢰기제가 작동할 수 있다는 가능성을 최초로 제시했다. 비록 현재까지는 물리적 화폐와의 교환안정성, 소비생태계로서의 자기완결성, 테러·범죄적 활용의 규제 등의 미비로

▲ 가상화폐 비트코인은 많은 나라에서 대안화폐로 인정받고 있다. 우리는 전세계에서 일어나는 모든 거래를 네트워크를 통해 공유하는 비트코인의 철학에 주목해야 한다. 이 기술에서 작동하는 것은 바로 신뢰기제이다.

실험적 성격이 남아 있지만, 이러한 단점 역시 자율적인 노력으로 극복하려는 움직임이 활발하다. 향후에 보다 창의적인 보완책을 통해 점점 더 강력해져, 사회적 인정을 받는 존재가 되리라는 기대를 받고 있는 것이다.

한편 금융은 전통과 역사를 가진 기관에 의해 주도되어야 한다는 개념에도 큰 변화가 일어나고 있다. 당장 국내 인터넷전문은행 컨소시엄 구성사나 해외 핀테크 동향을 살펴보면 통신·커머스·소셜 네트워크·데이터 분석 등 다양한 역량을 가진 ICT 기업들이 대거 운집하여 새로운 기술과 가치를 가지고 도전해오고 있다. 미래 금융혁신의 장에서 중심이 되는 것은 누구일까? 쉽게 따라잡기 힘든 노하우를 보유한 현 금융업 강자가 중심이 될지, 데이터·모바일 기술이 우수한 IT사업자가 새로운 주요 플레이어로 진입할지에 관심이 집중되고 있다.

이러한 경쟁에서 승부가 갈리는 지점은 데이터자산 부문일 것으로 예상된다. 생각해보자. 오랜 기간 터득한 고객의 특성을 기반으로 정형화되고 전산화된 기존 금융기관들의 데이터는 의심할 바 없이 높은 가치를 지닌다. 그러나 최근 2년 동안 생산된 데이터의 양이 인류가 축적한 총 데이터의 90퍼센트에 이른다고 한다. 즉 데이터의 축적은 지금부터가 시작이라고 해도 과언이 아니다.

특히 새로운 비즈니스 창출의 기초가 되는 리소스는 소셜 데이터, 게임 데이터, 사물인터넷 데이터 등 앞으로 쌓여갈 비정형적이고 다채로운 새로운 데이터들과의 결합일 것으로 기대된다. 다가올 빅매치에 대비하여 기존 금융 사업자들은 좀더 완벽한 디지털적 사고와 준비를 갖추어야 할 것이고, ICT 기업들은 작은 도전이더라도 투명하고 올바르게 진행함으로써 최대한 신속하게 대중과 정부의 신뢰를 얻어야 할 것이다.

전세계 정부들은 이런 새로운 개념과 플레이어들이 일으키는 지각변동에 각각 어떻게 대응하고 있을까. 나라마다 조금씩 다르기는 하지만, 전반적으로는 기존 제도가 지켜왔던 안정을 깨뜨리지 않으면서도 다가올 혁신에 맞추어 제도를 하루 빨리 정비하기 위해 경쟁적으로 노력하고 있는 상황이다. 예컨대 독일과 영국에서는 가상화폐 비트코인을 이미 국가의 공식화폐로 인정했다. 미국 또한 비트코인 및 다른 가상통화들을 원자재로 규정한다고 발표하여, 공식화폐로 사용하는 것은 아니지만 제도권으로 끌어들이겠다는 의사를 표명했다.

아울러 글로벌 금융기업과 신생 핀테크 기업 간 민간 차원의 공조열기도 무척이나 뜨겁다. 각자의 전문성이 잘 융합될 수 있는 API 기반의 오픈플랫폼 구축, 투자조직을 통한 적극적인 육성 및 인수합병은 기존 금융권의 혁신 의지를 잘 나타낸다. 특히 미국은 실리콘밸리의 인적 자원과 뉴욕의 전통 금융 인프라를 토대로 한 스타트업 중심의 성장이 활발하다. 또한 유럽도 특정 기업에 의존하기보다 정부와 민간이 유기적으로 협업하여 생태계를 구성하고 있다. 이렇게 서구는 보수적인 투자자들까지도 나서서 스타트업과의 관계 구축 및 지원에 열의를 보이고 있다. 스타트업은 규모의 문제가 아닌 마인드라는 점에서 이런 태도는 무척 고무적이다.

최근 우리보다 훨씬 늦게 자본주의를 받아들이기 시작한 중국의 핀테크 혁명이 우리를 깜짝 놀라게 했다. 예를 들면 알리페이가 그렇다. 어떻게 13억 인구의 초대국에서 그렇게 빠른 속도로 핀테크 서비스가 보편화될 수 있었을까? '중국에는 핀테크라는 말이 없다'는 한 연구 보고서의 표현처럼, 중국에는 극복해야 할 기존 금융 레거시(Legacy, 과거에 개발된 낡은 기술이지만 현재에도 사용되는 방법론, 컴퓨터 시스템, 소프트웨어 등)가 크게 존재하지 않았다. 중국의 인구 10만 명당 ATM 개수는 약 37개로, 124개인 영국이나 173개인 미국과 비교해 현저히 적다는 것이 이를 단적으로 보여준다. 10만 명당 은행지점의 개수도 7.7개에 불과해, 24.2개인 영국과 35.2개인 미국에 비해 절대적으로 적다. 그에 비해 모바일폰 보급률은 88.7퍼센트로 무척 높으며, 전통적인 은행 계정을 가지고 있지 않은 인구의 비율도 37퍼센트로 높았다.

중국과 달리 기존 레거시를 잘 활용해 핀테크에서 앞서가고 있는 나라도 있다. 바로 이스라엘이다. 본래부터 기술과 스타트업에 열린 나라인 데다, 민족적으로 연결된 금융 중심지와의 네트워크로부터 빠르게

한국 핀테크 주요 기업들

▲ 한국은 선진적인 IT · 금융 인프라 및 경제 규모에도 불구하고 핀테크 시장 성숙도가 매우 낮은 편이다. 하지만 위 자료를 통해 한국에 이미 많은 핀테크 기업들이 금융혁신을 위해 노력하고 있는 것을 확인할 수 있다.

노하우를 전수받고 있고, 글로벌 금융기관들의 R&D센터 설립 및 투자 등이 일어나기 때문에 핀테크 혁신이 더욱더 발빠르다고 분석된다.

이러한 국가 간 환경 격차는 이미 시작된 글로벌 핀테크 경쟁에 우리가 어떻게 임해야 할지를 고심케 한다. 한국은 선진적인 IT · 금융 인프라 및 경제 규모에도 불구하고 핀테크 시장 성숙도가 매우 낮은 편이다. 이를 극복하기 위해서는 우리 역시 우리만의 레거시 기반 속에서 어떻게 새로운 혁신을 우리의 것으로 소화할지 신속하게 사회적 합의를 이루어야 한다. 새로운 기술로 인한 구도의 변화 및 발생 가능한 신종 사회문제에 대한 투명한 공론화를 통해, 다가올 미래 금융사회의 정책적 기틀을 잡는 것. 이를 상호협력을 통해 가장 먼저 해내는 국가가 글로벌 디지털 경제 시스템의 선두가 될 것이다.[1]

새로운 기회와 위협을 인식하라

| 일상의 디지털 흔적들이 개인 신뢰도의 근거가 되는 세상 |

앞으로 금융과 기술의 융합을 통해 새로운 서비스와 시장을 창출해 나갈 핀테크는 과연 어떤 새로운 사회적 의미를 가지게 될까. 우리가 만나게 될 새로운 기회와 리스크는, 핀테크가 개인에게 주는 의미를 좀 더 집중해서 살펴보면 더욱 분명히 드러날 것이다.

우선 소외받던 사람들에게 더 많은 가능성이 열리게 될 것이다. 대표적인 것이 디지털 데이터의 활용을 통한 새로운 신용평가의 시작이다. 개인의 행동 데이터를 수집하여 컴퓨터로 분석한 결과가 본인의 이해보다 더 깊은 통찰 혹은 더 정확한 예측이 되는 시대가 다가오고 있다. 그렇기 때문에 현재의 전통적 대출 심사 기준에서 벗어나 소셜 데이터나 모바일행동 데이터와 같은 무형의 자산에 기초해 새로이 거래 여부가 판단될 수 있다. 예를 들어 머신 러닝과 같은 최첨단 빅데이터 분석기술들은 놓치고 있던 고위험군의 일부를 고객으로 전환시킬 수 있는 새로운 기준을 제시해준다. 금융 서비스의 영역은 이를 통해 분명 확장될 것이다. 유형자산·담보·안정적 직장은 없지만 신의와 도전정신이 있는 사람들에게 새로운 금융 서비스가 가능해진다는 이야기이다.

또한 로보어드바이저(robo-advisor, 인공지능 자산관리 서비스)와 같은 알고리즘 자산관리는 고부가가치 금융서비스의 대중화를 이끌 것으로 기대된다. 기존의 자산관리는 주로 고소득 자산가를 위한 프라이빗 뱅킹(PB: Private Banking) 시장에 집중되어 있었다. 전문가 양성에 드는 비용

▲ 로보어드바이저와 같은 서비스는 고부가가치 금융서비스의 대중화를 이끌 것이다. 빅데이터가 새로운 금융의 장을 열고 있는 것이다.

을 생각하면 너무나 자연스러운 현상이다. 그러나 작금의 빅데이터 수집 및 분석 기술의 발달은 개인자산관리사의 생산성을 극대화할 것으로 기대된다. 특히 최근의 데이터기술들은 그간 프로세스 자동화를 통해 모든 사람들에게 '표준화'된 경험을 제공했던 과거와는 정반대로, 인간을 대신하는 기계적 데이터 처리와 패턴 도출로 철저히 '개인화'된 서비스를 자동적으로 제공할 수 있게 된다는 점에서 무척이나 혁신적이다.

가정에 세척기가 보급된 후부터 여성들의 사회적 진출이 늘어나고 사회가 더 빠르게 발전했던 것처럼, 기술의 발달은 중요한 사회적 변화를 이끌어낼 수 있다. 대부분의 사람들은 자금의 여유가 없고, 그나마 보유한 자금에 대해서도 전문적 자문을 얻을 비용적·시간적 여유가 부족하다. 자동화 및 데이터 분석 기술을 위시한 디지털화는 이러한 부분에서의 진입 장벽을 크게 낮출 수 있다. 현재 자산이 많지 않아도 세상의 흐름에 빨리 눈뜬다면 조금 더 나은 조언을 상대적으로 낮은 가격에 받아 자산을 늘려갈 수 있다. 이렇게 각자가 누릴 추가적인 재화 및 시간의 여유는 새로운 경제효과 창출로 이어질 수 있으며, 그 도입이 풀뿌리 계층에게 빠르게 확대될 경우 사회적 부의 재분배 효과도 거둘 수 있다. 사람들이 서로 직접 대면하지는 않지만, 각 개인에게 더욱더 유연하고 정확하게 선호도 매칭이 가능해지는 금융의 시대. 이것이 빅데이터로 가능해지는 금융의 새로운 장이다.

한편 빅데이터 시대를 맞이하여, 앞으로 우리는 디지털로 남기는 모든 흔적을 보다 철저히 관리할 필요가 있다. 예컨대 내비게이션 사용·교통 서비스 이용·스트리밍 결제·온라인 게임까지 다양한 영역에서 수집되는 나의 정보는 타인의 정보 및 기존 금융 정보와 엄청난 산업적 시너지를 내겠지만, 향후 신용평가 수단으로 활용되는 등 내 미래에 영향을 줄 수도 있다. 그렇기 때문에 모든 잠재적 금융서비스 활용 주체들은 신의 없고 성실하지 못한 디지털 기록을 남기지 않도록 유의하여야 할 것이다.

또한 자신의 데이터를 안전하게 보관하려는 노력도 중요해진다. 디지털화가 심화될수록 개인데이터 관리 미숙은 과거에 도장이나 통장을 잃어버리는 경우와는 다른 차원의 사고로 이어질 수 있다. 여러 가지 정보가 서로 밀접히 연계·저장되고 있기 때문에 단순한 행위로도 역공학을 통해 고차원적인 정보를 빼낼 수 있기 때문이다. 물론 보안은 개인의 노력 범위 이상을 요구하는 기술과 책임

▲ 빅데이터 시대에 사는 우리는 디지털로 남는 모든 흔적을 잘 관리해야 한다.

의 영역이다. 클라우드 서버를 가진 기업에게 공격이 가해져 다량의 데이터가 사고로 유출된다면 개인적 손해배상으로 해결할 수 없는, 돌이킬 수 없는 사회적 재앙이 될 수 있다. 따라서 미래의 은행은 데이터 금고로서의 역할이 중요해지며, 사람들은 금융기관이 안전하고 신뢰성 있게 데이터를 보관할 수 있는지 여부로 가입을 결정하게 될 것이다.

순조로운 출발을 알리며 하루가 다르게 도약하고 있는 핀테크. 아무리 세상이 변화해도 금융은 오직 신뢰 위에서만 규모를 키울 수 있다. 다가오는 미래에 우리는 어떤 금융 서비스를 선택할까? 어떤 디지털 시민이 높은 신뢰를 보장받게 될까? 변화에 대비하고 적응하는 것은 우리 각자의 몫이지만, 준비해야 할 흐름은 명확하다.

김윤이

옐로금융그룹 이사. KAIST에서 뇌공학 및 응용수학을 전공하고, 하버드 케네디 스쿨에서 공공정책학 석사학위를 받았다. 외교통상부, OMNIOM 계열 컨설팅회사를 거쳐 데이터시각화 · 인지과학 등에 특화된 뉴로어소시에이츠사를 설립하였다. 뉴로어소시에이츠사는 실시간 인포그래픽 · 데이터디자이너 등 새로운 개념을 창조하며, 금호 · 중앙 · SK · 코오롱 · 암웨이 · 제일기획 · 보건복지부 · 문화체육부 · 검찰 · 서울시 · 경기도 · 제주도 등 다양한 기관을 상대로 혁신적인 프로젝트 및 컨설팅을 수행해왔다. 현재 경희사이버대학교 겸임교수직을 맡고 있으며, 문화체육관광부 자문위원, 한국도로공사 데이터공모전 심사위원, Orange사 아시아팹 멘토위원으로 활동하고 있다. 법률분야 베스트셀러 《법률영어 핸드북》을 집필했다.

교육

세계는 왜
코딩에 주목하는가

코딩클럽을 통해 보는 코딩의 현재와 미래

1990년대에 학교를 다니던 사람들이라면 무지갯빛 사과 마크가 새겨진 애플 컴퓨터를 기억하고 있을 것이다. 그중에 어떤 이들은 실제로 컴퓨터의 전원을 눌러볼 기회가 있었을 것이고, 조악하기 그지없는 컴퓨터 게임을 해보기도 했겠다.

당시에는 동네의 컴퓨터학원에 다니던 친구들도 있었다. 그들은 'Run' 'Exit'와 같은 명령어를 입력하며 선을 긋고 도형을 그리곤 했다. 조금 더 복잡한 명령어를 사용해 계산기를 만들기도 했다. 하지만 컴퓨터학원에 다니던 대개의 친구들은, 자신이 왜 선을 긋고 도형을 만드는지 알지 못했다. 프로그래밍을 통해 만들어진 음악·미술·비디오 등의 창작물이 충분히 보급돼 있지 않은 시대였기 때문이다.

만약 누군가가 이들에게 프로그래밍이 우리의 삶을 윤택하게 만들어줄 도구라는 것을 귀띔해주었다면 어땠을까? 그랬다면 쉽게 연필로 그릴 수 있는 선과 도형을 코드를 짜가며 만

들어야 하는 이유를 납득했을 것이다. 그리고 버그를 찾는 지난한 과정이나 시행착오의 과정도 감내해낼 수 있었을 것이다.

우리가 무엇인가를 배울 때에는 나이나 성격, 성장 배경 등 여러 요인이 작용한다. 그렇기 때문에 학습 방법을 다각화해야 하며, 개인의 관심 분야에 따라 배움의 내용을 다양하게 적용할 수 있다는 것을 누군가가 조언해주어야 한다. 그래서 누군가는 '한 아이를 키우기 위해서는 온 마을이 필요하다'고 말했을 것이다.

하물며 미래를 준비하는 교육, 새로운 교육에는 마을의 노력뿐만이 아니라 국가적 헌신이 필요하다. 지금 한국에서는 거의 10년 가까이 학교 현장에서 컴퓨터 교육이 이루어지지 않고 있다. 지역사회의 구성원이 함께 코딩을 배우고 소프트웨어 교육을 하는 모임이 더욱 필요한 이유이다. 이번 장에서는 국내의 코딩 교육이 어디까지 왔는지 살펴본다.

산업의 중심 이동

| IT산업의 부상 |

잠시 필자의 경험을 이야기해보겠다. 필자는 하버드 경영대학원 1학년을 마치고 워너브라더스 엔터테인먼트에 MBA 인턴으로 선발되어 대형 게임회사 인수, 스페인 위성방송 사업의 매각, 인기 TV 시리즈의 커뮤니티 기반 온라인 서비스 기획 등에 참여했다. 워너브라더스는 할리우드 최대 영화사 중 하나이다. 그런데 필자가 참여한 프로젝트는 대개 영화제작이나 배급이 아닌 게임·위성방송 등 신사업 분야였다. 영화사의 관심이 신규 사업 개척에 쏠리고 있었던 것이다.

박스오피스 영화의 제작 편수가 매해 감소하고 극장 매출도 덩달아 감소하는 상황에서 영화사가 IT산업으로 눈을 돌리게 된 것은 자연스러웠다. 이는 부가 사업이라기보다는 유일한 기회라는 느낌이었다. 당시는 루퍼트 머독Rupert Murdoch의 뉴스코퍼레이션News Corporation이 최고의 주가를 올리던 소셜 네트워크 서비스인 마이 스페이스My Space를 인수하고, 마크 주커버그Mark Zuckerberg가 페이스북의 서비스 대상을 본격적으로 확장하던 때였다. 그로부터 9년이 흐른 지금, 미국의 여론조사 전문기관인 퓨리서치센터Pew Research Center의 발표에 따르면 전세계 성인 72퍼센트는 페이스북 사용자이며, 이는 10년 전 대비 10배 증가한 수치이다. 또 다른 소셜 미디어인 핀터레스트와 인스타그램의 사용률도 3년 전에 비해 두 배 증가했다. 유튜브의 발표에 따르면 유튜브의 전체 사용자는 10억 명에 달하고 미국의 18~34세 사용자의 경우 케이블 텔레비전보다 유

▲ 퓨 리서치센터의 발표에 따르면 전세계 성인의 72퍼센트는 페이스북 사용자라고 한다. 10년 사이 10배 증가한 수치이다. 이제 IT산업은 전세계 경제의 핵심 동력이 되었다.

튜브를 더 많이 시청한다고 한다.

워너브라더스의 모회사 타임워너의 시가총액이 600억 달러, 마이스페이스를 인수했던 뉴스코퍼레이션의 폭스 엔터테인먼트Fox Entertainment의 시가총액이 570억 달러에 머무르고 있는 반면 페이스북의 시가총액은 2,600억 달러, 마이크로소프트는 3,800억 달러, 구글은 4,500억 달러, 애플은 6,400억 달러에 달한다.

거시적 관점에서 IT산업은 전세계 경제의 핵심 동력이 되었으며, 전세계인은 이제 IT제품 또는 서비스를 가장 많이 사용하고 소비한다. 이제는 영화·음악과 같은 콘텐츠 산업뿐 아니라 숙박·교통·요식 등 다양한 전통 산업이 온라인 기반의 IT기술을 접목한 O2OOnline to Offline 서비스로 거듭나고 있다. 대표적인 예가 비상장사 가운데 기업 가치(500억 달러)가 가장 높게 평가되고 있는 우버_{Uber}이다.

필자를 비롯하여 적지 않은 하버드 경영대학원 졸업 동창들이 IT 산업에 합류했다. 이들의 결정은 틀린 것이 아닌 듯하다. 이들은 산업적으로나 업무적으로 폭넓고 다양한 경험과 괄목할 만한 성장을 체험하기도 했다.

하지만 업무 현장에서의 핵심 역량을 생각해보면 이야기가 달라진다. 필자가 마이크로소프트·LG전자에서 상품 기획·사업 개발·벤처 투자를 담당하며 가장 목말랐던 것은 실행력, 그중에서도 제품을 개발하는 역량이었다. 아무리 치밀하게 고객과 시장에 대해 조사하고 고객가치 및 사업성을 고려하여 기획을 한다 해도 실제 제품으로 만들어질 수 없다면 아무 소용이 없다. 콘텐츠·제품 없이는 산업도 사용자도 소비자도 존재할 수 없는 것이다.

개발자와의 소통을 위하여
| 코딩을 배워야 하는 까닭 |

아이디어를 가진 기획자와 그것을 실현해줄 수 있는 개발자가 있다. 기획자가 자신의 생각을 온전히 개발자에게 전달하기란 쉽지 않다. 개발자는 코드라는 컴퓨터의 언어로 생각하고 표현하는데, 기획자는 사람의 언어를 사용하기 때문이다.

사용자의 기호가 바뀌는 속도, 사용 패턴이 변화하는 속도에 발맞추어 제품 개발의 주기가 점점 짧아지고 있다. 이러한 현실에서는 제품을 재빨리 시장에 내놓고 소비자의 반응에 따라 빠르게 수정하는 '피보팅Pivoting'이 중요하다. 이를 위해서는 기획·제작·개발이 함께 이루어져야 한다. 다시 말해 기획하는 사람도 개발할 수 있는 역량을 갖추고, 개발하는 사람도 기획할 수 있는 역량을 가지고 있을 때 적기에 좋은 콘텐츠를 갖춘 서비스와 제품을 선보일 수 있다.

이는 IT의 모든 서비스에 해당된다고 해도 과언이 아니다. 구글은 1998년 설립 초기부터 지금까지 컴퓨터과학 전공자만을 상품기획자로 채용하고 있다. 페이스북은 직원들에게 웹 및 앱 기술 구조의 완벽한 이해를 필수적으로 요구하고, 컴퓨터과학 또는 기술·공학 전공자를 절대적으로 선호한다. 이는 많은 IT기업 및 스타트업, 디지털·온라인 서비스 기업도 마찬가지이며, 이러한 경향은 점점 심화될 것이다.

이처럼 급변하는 현실에서 사람들은 프로그래밍의 중요성을 새삼 깨달아가고 있지만 나이가 들어 프로그래밍을 배운다는 것이 쉽지는 않다. 자바스크립트JavaScript이든 파이썬Python이든 각 프로그래밍 언어의 명령어 하나하나를 머리로 이해하려고 하니, 진행 속도도 더딜 수밖에 없다. 머리로만이 아니라 몸으로 익혀야 하는데 성인들로서는 하루에 몇 시간씩 이것저것 만들어보며 '삽질'을 할 여유나 실패할 시간이 없다.

성인이 되어 코딩을 배우는 이들 가운데 많은 수는 만들고 싶은 것을 찾는 것에서부터 어려움을 겪는다. 프로그래밍을 뒤늦게 학원에서 배울 경우, 조금 해보다가 중간에 포기하거나, SI(System Integration, 기업에 필요한 정보시스템의 기획·구축·운영 등의 서비스를 대신해주는 일)라는 IT업계 먹이사슬의 끝단에서 단순 코딩만 하게 되는 일이 많다. 기술적 성

▲ 기획과 제작, 개발이 함께 이루어지는 현실에서 프로그래밍의 중요성은 나날이 높아지고 있다. 하지만 성인들에게는 프로그래밍에 시간을 투자할 여유가 없는 것이 사실이다.

장을 이루거나 기획·디자인·설계·개발이라는 전체적인 창조적 체험을 해보지 못하는 것이다. 그렇기 때문에 어려서부터 코딩을 배울 필요가 있다. 누군가가 아이에게 컴퓨터가 게임의 도구일 뿐만 아니라 무언가를 만들 수 있는 도구라는 것을 알려준다면 어떻게 될까?

필자는 기획자·경영학도로서 한계를 느끼고 코딩을 배우기 시작했다. 그 결과 간단한 웹사이트나 게임을 직접 만들 수 있게 되었고, 혼자가 아니라 함께 배우고 만드는 공동체의 중요성을 절감하게 되었다. 그래서 1년 전, 개발자·디자이너·교육자·대학생 등 지역사회의 구성원이 함께 코딩을 배우고 청소년을 위한 소프트웨어 교육을 하는 코딩클럽을 만들게 되었다. 영국·중국·이스라엘·일본·미국[1] 등에서 의무화되고 있는 컴퓨터과학·소프트웨어 교육이 국내에서는 거의 10년이다 되도록 정식 교육과정으로 채택되지 않고 있다. 코딩클럽을 소개하기 전에 세계의 코딩 교육 추세를 잠시 살펴보자.

지금 세계는 코딩 중

드롭박스Dropbox의 고문인 쌍둥이 형제 하디Hadi와 알리 파토비Ali Partovi는 미국 전역 초중고 공립학교에서의 컴퓨터과학 교육 의무화를 목표로 비영리 민간단체 Code.org를 설립했다. 2013년 1월 이 단체가 설립되고 2년 반이 흐르는 동안, 전세계의 1억 3,000만 명 이상이 이 단체를 통해 코딩을 공부했다.

이 단체는 2013년 12월 9일부터 15일까지 컴퓨터과학 교육 주간에 '코드를 위한 시간Hour of Code'이라는 교육행사를 진행했다. 이 행사에는 전세계 170개국에서 1,500만 명이 참여했다. 이 행사에서 페이스북의 대표이자 창업자인 마크 주커버그는 이런 말을 했다. "15년 후 우리는 읽기·쓰기와 동일하게 프로그래밍을 가르칠 것이다. 그리고 왜 더 일찍 하지 않았는지 의아해할 것이다." 버락 오바마 대통령은 2014년의 행사에서 다음과 같은 내용의 기조연설을 했다.

"창의적이고 새로운 것을 여러분의 손으로 직접 만들어보라. 컴퓨터과학 기술은 우리 생활 모든 것과 연관되어 있다. 자신의 미래를 위해 컴퓨터과학 기술을 이해하고 필요한 역량을 키워야 한다. 그것이 우리나라의 미래를 준비하는 것이기도 하다. 창의적인 상상을 하고 만들고 발명하는 사람들의 나라, 전구·전화부터 아이패드·인터넷까지 새로운 것을 만들어 세계를 이끈 미국의 미래를 위해서 말이다."

오바마 대통령은 이 기간에 자바스크립트로 간단한 코딩을 해 미국

▲ Code.org의 설립자 하디와 알리 파토비 형제. 이 단체가 주최하는 '코드를 위한 시간'에는 각계의 유명인들과 기업가들이 후원을 하고 있다.

역사상 처음으로 직접 코딩을 한 대통령이 되었다. 또한 눈이 안 보이는 학교 친구를 위한 앱 헬로 내비Hello Navi를 개발하여 버라이즌 앱 챌린지에서 우승한 레사카 중학교 여학생들을 백악관 과학축제에 초청해 그들의 소중한 뜻을 함께 나누기도 했다.

이 '코드를 위한 시간' 행사는 정·재계, 연예계, 스포츠계 등 각계의 유명 인사들과 구글·마이크로소프트·아마존·페이스북 등 굴지의 기업 및 기업인들이 설립한 다양한 재단이 후원하고 있으며 유능한 개발자들이 자신의 재능을 기부하고 있다.

Code.org는 코드를 위한 시간에 이어 무료 온라인 교육 프로그램인 코드스튜디오를 열어, 누구나 쉽게 프로그래밍의 주요 개념인 알고리즘·반복·조건·변수 등을 배울 수 있는 정규 코스를 개발·제공하고 있다. 또한 컴퓨터과학을 정규 교과과정으로 채택하는 국·공립학교의 교사들을 대상으로 40시간짜리 온라인 교육 모듈 및 며칠에 걸친 오프라인 워크샵 등 강도 높은 양질의 컴퓨터과학 교사연수 프로그램을 제공하여, 교육체제의 기반을 다져가고 있다. 이로써 미국의 50개주 가운데 27개 주 청소년들이 학교에서 컴퓨터과학을 정규과목으로배울 수 있게 되었고, 앞으로 더 많은 지역의 학생들에게 교육의 기회가 제공될 예정이다.

영국에서는 2015년 9월부터 5세~16세 아이들에게 학교에서 컴퓨터과학을 교육하고 있다. 영국의 코드클럽, 아일랜드의 코더도조 등 커뮤니티 기반의 민간단체가 청소년을 위한 코딩 교육·활동을 지원하고 있다.

이스라엘에서는 컴퓨터과학 과정이 고교에서는 오랫동안 필수과목이었고 2011년부터 중등 과정이 개발·운영되었으며, 중국에서는 정보기술이 초중고에서 모두 필수이다. 일본에서는 2012년부터 정보과정이고교 필수가 되었고, 핀란드에서는 2016년부터 정규 교과로 도입될 예정이다.[2]

숙제는 교육 인력 양성
| 한국의 경우 |

첫 의무교육 학기가 지난 후, 영국의 컴퓨팅 교육 당사자들은 디지털

리터러시 증진, 평생 필요한 역량·기술(프로그래밍) 학습, 부족한 디지털 인재 양성 등 해당 교육의 중요성을 절실히 체감했다고 밝혔다. 이를 위해 전문 교사 양성, 특히 기존 ICT 교사들의 컴퓨팅 교사로서의 역량 강화가 향후 풀어야 할 가장 큰 숙제라고 평가했다. 영국의 경우 2013년에 이미 '어린이를 위한 컴퓨터교육 가이드라인'을 발표하고 2014년을 '코딩의 해'로 지정, 정부 차원에서 적극적인 지원에 나섰다.

한국의 경우 2018년부터 중학교 1학년은 연간 총 34시간(주 1회 1시간) 정보 과목을 필수적으로 배우고, 초등학교는 실과시간에 소프트웨어 과목을 17시간 이상 이수해야 하며, 고등학교에서는 정보 과목이 심화선택에서 일반선택 과목이 된다. 2015년 150개의 초중고교가 각각 미래부·교육부 지원 하에 선도학교·연구학교로서 소프트웨어 교육을 시범적으로 시행하고 있고, 2016년에는 1,000여 개로 대폭 확대된다. 2015년부터 국민대학교에서는 소프트웨어 교육을 모든 신입생에게 실시하고 있으며, 2016년부터 성균관대학교와 가천대학교에서도 전공을 불문하고 모든 신입생 대상으로 소프트웨어를 필수과목으로 운영하겠다고 발표했다. 해외의 코딩 교육 열풍에 비하면 뒤늦은 행보이나, 2008년 컴퓨터 관련 교과가 전면 폐지된 후 괄목한 만한 변화이다. 다만 소프트웨어 교육이 전면적으로 실시되는 2018년부터 필요한 교사들을 어떻게 양성할 것인지는 큰 문제이다. 컴퓨터 정규 교육 폐지 후 정보 교사들의 수가 급감했을 뿐 아니라 전공 교사를 배출하는 학과가 개설된 대학의 수도 줄었다. 초등학교의 경우 소프트웨어 관련 교육을 전혀 이수한 적이 없는 교사들이 대다수이다. 소프트웨어 교육이 의무화되는 2018년까지 초등교사 6,000명과 중등 정보·컴퓨터 자격증 보유 교사 1,800명을 대상으로 심화 연수를 추진할 예정이지만, 필요한 인력 대비 연수 혜택을 받을 수 있는 교원 수는 여전히 부족하다. 또한 연수만으로 역량이 갖추어질 것인지에 대해서도 교육계의 우려가 크다.

초·중·고 2015 교육과정 개편 내용

구분	현행	개편안	주요 개편 방향
초등학교 (2019년부터 적용)	실과 내 ICT 단원 (12시간)	실과 내 SW 기초교육 실시 (17시간 이상)	• 문제해결 과정, 알고리즘, 프로그래밍 체험 • 정보윤리의식 함양
중학교 (2018년부터 적용)	정보 과목 (선택교과)	정보 과목 34시간 이상 (필수교과)	• 컴퓨팅 사고 기반 문제해결 • 간단한 알고리즘, 프로그램 개발
고등학교 (2018년부터 적용)	정보 과목 (심화선택 과목)	정보 과목 (일반선택 과목)	• 다양한 분야와 융합해 알고리즘, 프로그램 설계

미래 교육을 위해 온 마을이 함께하는 날을 꿈꾸다
| 코딩클럽의 1년간의 활동, 향후 계획 및 비전 |

코딩클럽codingclubs.org은 '누구나 코딩을 배우고, 테크놀러지로 메이커가 될 수 있다'는 믿음으로 시작된 비영리 단체로, 소프트웨어·프로그

래밍·디지털 창작에 관심 있는 청소년 및 성인들에게 열린 학습 기회를 제공하는 창작 커뮤니티이다. 지역사회의 인재들이 적극적으로 교육 활동에 참여할 때 입시 중심의 교육시스템에 매몰되지 않고 디지털 시대 미래 인재를 위한 지속적 동기 부여와 역량 발굴이 가능하다는 공감 하에, 현직 개발자·교육자·디자이너·기획자·미디어 아티스트 등 다양한 분야의 전문가 및 대학생들이 자발적으로 모였다. 뜻을 함께하는 사람들을 만나 개인적·전문적으로 교류하고, 그 속에서 기술 이외의 것들을 배워나가는 것은 코딩클럽 커뮤니티 활동을 통해 얻는 추가 수확이다.

필자가 코딩 기반의 소프트웨어 교육의 중요성, 특히 다양한 재능을 가진 인재들과의 교류 및 상호 배움의 필요성을 느끼고 페이스북에 온라인 그룹을 연 것은 2015년 10월이다. 벌써 코딩클럽 온라인 커뮤니티에서는 4,000여 명의 회원들이 코딩 교육과 관련한 다양한 정보와 의견을 교환하고 있다. 코딩클럽의 활동은 특히 주말 오프라인을 중심으로 진행되고 있는데, 30여 명의 교육 활동가와 함께 지난 1년간 500여 명의 어린이·청소년·성인이 MIT 스크래치Scratch, 네이버 엔트리를 이용한 애니메이션·게임 만들기부터 MIT 앱 인벤터App Inventor를 이용한 앱 만들기, 아두이노 보드를 이용한 피지컬 컴퓨팅 등 다양한 프로그램에 참가했다.

평생 교육 시대에 누구나 코딩을 배울 수 있고 배울 필요가 있다는 공

> **스크래치**
>
> MIT 미디어랩의 미치 레스닉(Mitch Resnick) 교수가 연구팀과 개발한 교육용 프로그래밍 언어, 블록을 옮겨 퍼즐을 맞추는 방식이다. 무료 이용이 가능한 스크래치를 통해 누구나 놀이를 하듯 쉽고 재밌게 코딩을 할 수 있다. 이 프로그램은 어린이·청소년도 쉽게 코딩을 하며 컴퓨터과학의 개념과 컴퓨터적 사고를 익힐 수 있는 결정적 계기를 마련하였다.

▲ 비영리 단체인 코딩클럽은 소프트웨어 · 프로그래밍 · 디지털 창작에 관심 있는 청소년 및 성인들에게 열린 학습 기회를 제공하는 창작 커뮤니티이다. 30여 명의 교육 활동가와 함께 지난 1년간 500여 명이 다양한 프로그램에 참가했다.

감대가 있는 만큼, 코딩클럽에서는 성인을 대상으로 매월 북클럽·세미나·아두이노·앱 만들기 워크샵 등 다양한 체험 및 실습 프로그램을 운영하고 있다. 특히 소프트웨어 창작 역량을 개발하는 데는 언어·음악·스포츠처럼 어렸을 때의 창의적이고 체계적인 경험이 중요함을 절감하고, 초·중학생 대상 활동에 특히 집중하고 있다. 2018년부터 소프트웨어 교육이 의무화되는 현실에서 힘을 모아 공교육을 보완하고 지원해야 한다는 지역사회 차원의 의지도 강하다.

2014년 말 코딩클럽샘 워크샵 및 Code.org의 코드를 위한 시간 프로그램을 70여 명의 초·중학생과 함께 오프라인에서 진행한 이후, 2015년 3월에는 80여 명의 학생을 대상으로 민간단체로는 처음 소프트웨어 캠프를, 8월에는 서울과 부산에서 150여 명의 학생을 대상으로 국내 최초 주니어해커톤을 운영했다. 캠프와 해커톤처럼 하루 종일 집중해서 직접 코딩을 하고 소프트웨어를 제작·개발하는 체험 활동은 동기 부여 측면에서 중요하고, 입문부터 심화 과정까지의 체계적인 프로그램은 진학 및 진로의 측면에서 중요하다. 내년을 기점으로 코딩클럽은 좀 더 많은 어린이들이 양질의 소프트웨어 교육을 받을 수 있도록 다양한 커리큘럼 및 프로그램을 정비하는 것은 물론, 교사들이 주축이 되어 소프트웨어 교육을 준비하는 선생님들의 모임 및 다양한 단체·기관들과의 협력을 통해 공교육을 지원해나갈 계획이다.

편안한 소파에서 쉬어도 부족한 소중한 주말 시간을 코딩클럽과 함께 하고 있는 교육 활동가·청년샘, 주요 교육 행사에서 간식준비부터 청소까지 궂은일을 도와주시는 학부모님 및 봉사자들이 없었다면 코딩클럽은 제대로 운영되지 못했을 것이다. 운영 실비 지원 목적으로 부모님께서 후원해주시는 참가비, 인터넷기업협회와 스타트업얼라이언스, 은행권청년창업재단의 디캠프, 앱센터, 네시삼십삼분과 같은 비영리기관, 기업 등의 후원 역시 큰 힘이 되고 있다.

한 아이를 키우는 데 온 마을이 필요하듯, 새로운 미래 교육을 위해 정부는 물론 교육계·산업계·학부모 모두의 노력이 중요한 때이다. 그 가운데 코딩클럽의 한 걸음이 작은 시작이 될 수 있기를 소망해본다.

하은희

LG전자 소프트웨어·신소재 분야 신기술 발굴 및 투자 업무 담당. 1976년 서울에서 출생했다. 고려대학교에서 독어독문학을 수학한 후, 엠넷의 프로듀서와 일본계 출판사를 거쳐 미국 영화사 MGM의 영화채널 사업 개발을 담당했다. 이후 하버드 비즈니스 스쿨 MBA를 취득하고 미국 마이크로소프트에서 미디어 엔터테인먼트 사업전략 및 신사업 개발 업무를 진행했다. 어린이·청소년 교육에 대한 남다른 열정으로 미국 매사추세츠 주 보스턴 소재 가드너 초등학  교와 서울 CLC 희망학교 교육단, 미국 마이크로소프트에서 중·고등학생 디지털 리더십 프로그램 멘토링을 했고, 성남 청소년상담센터 리더십 특강 등 다양한 청소년 교육봉사 활동에 힘썼다. 프로보노 활동으로 MIT의 앱 인벤터 서밋(App Inventor Summit), 스크래치 컨퍼런스(Scratch Conference) 세미나에 참여한 것을 계기로 청소년을 위한 컴퓨터과학·소프트웨어 교육 및 디지털 창작 활동의 중요성을 절감했다. 이후 지역사회에서 프로그래밍을 배우고 즐길 수 있는 커뮤니티인 코딩클럽을 설립했다.

빅 픽처
BIG PICTURE
2016

2부

특이점과 마주한 사회

정치

21세기판 게리맨더링은 없어야 한다

선거구제와 오픈 프라이머리를 둘러싼 권력의 한판 승부

1812년, 미국 매사추세츠 주의 주지사였던 E. 게리는 자신이 속한 공화당에 유리하도록 선거구를 분할했다. 그가 분할한 모양이 꼭 도롱뇽salamander 같다고 해서 반대편 당에서는 이에 '게리맨더'라는 이름을 붙여 비꼬았다. 국회의원 선거가 가까워오면, 특정 정당이나 후보자에게 유리하도록 선거구를 자의적으로 정한다는 의미의 '게리맨더링'이라는 말이 자주 사람들의 입에 오른다. 우리나라에서도 2016년 총선을 앞두고 이 문제가 불거지고 있다. 2014년 헌법재판소가 현행 선거구 획정 기준이 헌법에 합치하지 않는다는 판결을 내렸기 때문이다. 인구수의 변화로 선거구를 다시 재편해야 한다는 것이다.

그러나 재편 과정은 결코 쉽지 않다. 지역구로 보면 전국 지역구의 4분의 1이 조정을 받아야 한다. 권력의 판도가 뒤바뀔 수 있는 대수술을 앞에 놓고, 여당과 야당은 치열한 머리싸움을 벌이고 있다. 선거구 개편 논의가 국민을 위한 것이 아닌, 권력을 위한 '21세기판 게리맨더링'이 될지 모른다는 우려가 든다.

선거구 개편은 2016년 총선을 어떤 모습으로 만들게 될까? 여야는 왜 목숨 걸고 싸우는 것일까? 그들의 정치싸움에 속지 않는 방법은 무엇일까? 이번 장에서는 기존 소선거구제와 비례대표제의 한계를 살펴보고, 독일식 정당명부제를 통해 선거구제의 대안을 찾아볼 것이다. 더불어 미국의 오픈 프라이머리에 대해 알아보면서, 투명한 후보자 선출을 위한 국민완전경선제의 가능성을 짚어본다. 2016년 총선이 국민이 정치 혐오로부터 벗어날 수 있는 계기가 되기를, 그럼으로써 국민이 현명한 선택을 할 수 있기를 희망한다.

당신의 지역구가 변화하고 있다

| 인구변화에 따른 지역구의 변화 |

2014년 10월, 2016년에 있을 20대 국회의원선거(이하 2016년 총선으로 표기)에 큰 영향을 줄 일이 일어났다. 현행 선거구 획정 기준에 대해 헌법불합치 판정이 내려진 것이다. 요지는 지금의 최대선거구와 최소 선거구의 인구편차인 3:1은 투표 가치의 큰 불평등을 초래하기 때문에 2:1로 조정하라는 내용이었다. 이로 인해 다가올 2016년 총선은 본격적으로 시작도 하기 전부터 계산이 복잡하게 되었다. 본 판결에 영향을 받는 지역구만 조정하면 해결되는 문제 아닌가 하고 생각할 수도 있지만, 수도권과 지방 간 균형, 지역구 의원 대 비례대표 의원 간 조정, 현역 지역구 의원의 이동 등 생각보다 많은 문제가 연결되어 있다. 중앙선거관리위원회는 선거구 분리 대상이 35곳, 통합 대상이 25곳이라고 밝혔다. 19대 국회의 지역구 의석 246석 가운데 약 4분의 1이 변화하는 셈이다. 익히 알고 있듯이 지방의 인구는 감소하고, 수도권의 인구는 증가하는 추세이다. 즉 농어촌 지역구는 통합의 대상이 되고, 도시·수도권 지역구는 분리의 대상이 된다.

대한민국의 지역구 국회의원은 지역과 인구 두 가지를 모두 대표해야 한다. 2014년의 결정에 의해 인구에 대한 대표성은 평등하게 나누어질지 모르지만, 지역 대표성의 평등성은 훼손될 수밖에 없다. 예를 들어 서울특별시 송파구를 대표하는 3명의 국회의원이, 경북 영양·영덕·봉화·울진을 대표하는 한 명의 국회의원보다 지역을 이해하기도,

▲ 현행 선거구 획정 기준에 대한 헌법재판소의 헌법불합치 판정은 2016년 총선에 큰 영향을 미칠 것이다.

원내에서 지역 이익을 위한 영향력을 행사하기도 쉽다. 지역이 작게 나뉘면 국회의원이 지역 민심을 파악하기도 훨씬 용이하고, 같은 행정구역 내 주변 지역구와의 연결성도 증가한다. 3명의 국회의원이 하나의 목적을 위해 원내에서 같은 목소리를 낼 가능성도 높아진다. 이와 반대로 농어촌 지역의 국회의원인 경우, 우선 돌아봐야 할 지역이 매우 넓어진다. 주민을 만나 이야기를 들을 시간을 한 지역에서 다른 지역으로 이동하는 데 소비해야 한다. 다른 행정구역 여럿을 하나의 지역구로 두고 있기 때문에 상대해야 할 행정부 관료의 숫자도 늘어난다. 한 지역의 이익을 대변하는 일이 동일 지역구 내 다른 지역에 마이너스로 작용하는 경우도 있다. 인구수만을 기준으로 지역구를 나누면 이러한 문제가 생길 수밖에 없다.

인구와 지역의 합리적인 배분, 어떻게 할 것인가?

| 지역구와 비례대표 |

미국은 상·하원의 양원제를 채택하여 이러한 문제를 해소하고 있다. 미국 역시 하원은 인구수에 맞추어 지역구를 개편한다. 10년 단위로 이루어지는 인구총조사_{Census} 결과에 따라 인구가 증가한 곳은 더 많은 의석을 가져가고, 인구가 감소한 곳은 의석수가 줄어들게 된다. 하지만 연방국가로 이루어진 미국은 지역대표성이 매우 중요한 이슈이기 때문에 각 주는 크기·인구수와 상관없이 2명의 상원의원을 보유한다. 즉 미국은 각 주가 동일한 수의 의원을 보내는 상원에서 지역을 대표하는 역할을 수행하고, 인구에 비례해 의석을 배분하는 하원에서 인구 구성을 대표하는 역할을 하는 것이다.

단원제 국회인 한국은 지역구 국회의원이 지역과 인구 모두를 대표한다. 이를 보완하기 위해 비례대표제를 도입했지만 현재 54석밖에 안되는 비례대표가 다양한 인구구성과 사회계층을 대변 및 대표하기에는 역부족이다. 여전히 영남과 호남으로 나뉘는 지역주의 틀 안에서 비례대표가 지역을 완전히 무시하고 인구와 계층만을 대표하는 것도 불가능하다. 일반적으로 비례대표 의원은 지역구 국회의원이 되는 것을 다음 목표로 삼는다. 정당명부식 비례대표제 안에서는 정당의 어젠다, 주변 상황 등에 따라 비례대표 공천 가능성이 좌우되기 때문에 재선 가능성이 높은 지역구 국회의원에 도전하는 것이 자연스러운 수순이다. 비례대표 국회의원도 지역문제에서 완전히 자유롭지 못한 것이다.

▲ 미국은 상·하원의 양원제를 채택하여 상원은 지역을 대표하고 하원은 인구구성을 대표하도록 하였다.

지역구 국회의원은 전체 국회의원의 82퍼센트를 차지한다. 의원정 수도, 선거구도 현재 국회의원이 결정하는데, 지역구 국회의원은 자신의 지역구가 변하는 것을 원하지 않는다. 특히 지역구가 통합되어 사라지는 것은 최악의 시나리오이다. 지역구가 사라진 국회의원은 다음 총선을 포기하거나, 비례대표 공천을 받거나, 다른 지역구에서 다른 후보와 경쟁하여야 한다. 어느 길도 쉽지 않다. 현역 지역구 국회의원의 이동은 현재 한국의 정당정치 환경에서 공천 문제로 이어질 가능성도 있다. 예를 들어 지역구가 통합되어 기존 의원과 경쟁해야 할 때, 투명성과 정당성이 확보되지 않으면 공천을 받지 못한 의원이 공천에 대해 이의를 제기하거나 탈당하여 무소속으로 출마할 수도 있다. 이런 경우 해당 정당은 그 지역 선거에서 불리해질 수 있고, 크게는 정당의 이미

▲ 선거구 획정은 국회의원 선거의 기본이자 아주 복잡하고 어려운 이슈이다. 사진은
2016 총선의 선거구 획정을 맡은 국회의원 선거구 획정위원회의 홈페이지.

지가 훼손되어 전체 선거에서 영향을 받을 가능성도 있다. 선거구 획정
은 국회의원 선거의 기본이자 아주 복잡하고 어려운 이슈이다. 일년 남
짓한 시간 동안 선거구 획정을 완료해야 하는데, 본 문제에 특화된 해
결책을 찾기에 턱없이 부족한 시간이다. 선거구 획정 문제를 해결하기
위해서는 여러 가지 정치적 이슈를 모두 다루어야 하므로, 선거를 얼마
남겨두지 않은 시점에서 선거제도 자체에 대한 개혁 이야기가 나오는
것도 어찌 보면 당연한 일이다.

선거구제, 어떻게 할 것인가?
│ 한국의 선거구제 개혁안과 독일식 선거제 │

우리가 채택하고 있는 소선거구제 단순다수제는 미국식 선거제도

가운데 일부를 취한 것으로, 소선거구 선거에서 최다득표를 한 1인이 다수를 대표하게 된다. 결선투표제가 없어 과반의 지지를 얻지 못한 경우에도 모두를 대표할 수 있게 된다. 앞에서 언급했다시피 미국은 양원제를 통해 이러한 대표성의 문제를 어느 정도 완화했다. 또한 발전된 예비선거를 통해 유권자의 참여를 유도하고 유권자들이 자신의 의견을 반영할 기회를 제공한다. 한국은 최다득표로 당선된 1인이 그 지역과 그 지역을 구성하는 주민 모두를 대표한다. 아직 미국과 같은 발전된 예비선거제도가 없어 중앙당 공천을 통해 후보가 결정된다. 실제 본선투표 이전에 유권자는 자신의 의견을 반영할 수 없다. 한국이 소선거구제 단순다수제를 시행하는 동안 양당체제가 자리를 잡았고, 지역주의 또한 확고해졌다. 비례대표제도로 이를 보완하려 했지만 그 수가 적어 효과가 미미하다.

2015년 2월 중앙선관위는 권역별 비례대표제와 석패율제를 담은 선거제도 개혁안을 발표했다. 한국을 5~6개의 권역으로 나누어 정당

한국의 국회의원 선거제도 변화

	1~5대	6~8대	9~10대	11~12대	13~16대	17~19대	20대
선거제도	소선거구 단순 다수제	소선거구 단순 다수제	중선거구 단순 다수제	중선거구 단순 다수제	소선거구 단순 다수제	소선거구 단순 다수제	?
비례대표제	–	전국구	유정회	전국구	전국구	정당 명부식	

득표율에 따라 권역별로 의석을 배분하는 방식이다. 이는 독일식 선거제도와 유사한 점이 많다.

독일식 선거제도를 간단하게 설명하면, 정당이 지지율만큼 의석을 가져가는 방식이라고 할 수 있다. 우리나라처럼 1인 2표를 행사하며 1표는 지역구 국회의원 선출에, 다른 1표는 정당에 투표한다. 독일에서도 지역구 국회의원은 우리와 같은 소선거구제 단순다수제로 선출한다. 하지만 비례대표 선출 방식에는 차이가 있다. 정당득표율이 전체 투표에 반영되어 의석수가 배분되는 것이다. 정당득표율로 결정된 전체 의석수를 지역별로 나누고 각 지역의 지역구 당선의석 수를 빼면 해당 당의 비례대표 의석수가 결정된다. 단 여기서 해당 권역의 지역구 당선자 수가 이미 배분된 의석보다 많을 경우 비례대표 의석은 없지만 초과로 당선된 지역구 의석은 유지된다. 그래서 독일의 경우 전체 의석수가 정해져 있지 않다.

중앙선관위에서 발표한 개혁안도 이와 유사하다. 단지 몇 가지 차이점이 있다면 비례대표와 지역구 의원 의석 간 비율이 독일은 1:1인 반면 개혁안은 1:2이고, 현재 전체 의석수 대비 비례대표의 비율이 독일은 50퍼센트인데 반해 우리나라는 25퍼센트가 되지 못한다는 것이다. 정당명부 작성 역시 한국은 중앙당에서 진행할 가능성이 높지만 독일은 해당 지역에서 명부를 작성한다. 독일식 선거제도의 가장 큰 장점은 다수의 당이 원내에 진입할 수 있다는 것이다. 즉 원내에서 다양한 계층·인구·지역이 대표될 수 있다. 이는 정의당과 같은 중소 정당이 가장 선호하는 선거제도인데, 원내 진입이 다른 제도에 비해 수월하고 원내에서의 영향력도 어느 정도 확보할 수 있기 때문이다.

19대 총선 결과에 권역별 비례대표제 도입 시뮬레이션을 한 결과 단위: 석. 괄호는 전체 의석 대비 비율.

■ 19대 총선 결과(지역 246석, 비례 54석) ➡ ■ 369석 기준(지역 246석, 비례 123석) 권역별 비례대표 도입 시

	새누리		새정치연합 (민주통합당)		자유선진당		통합진보당 (2014년 해산)		무소속	
		152 (50.7%)	170 (45.7%)	127 (42.3%)	145 (39.0%)				40 (10.8%)		
비례 ▶	25	43	21	39						
지역 ▶	127	127	106	106	5 (1.7%) 3/2	14 (3.8%) 3/11	13 (4.3%) 7/6	40 (10.8%) 7/33	3 (1.0%) 3/0	3 (0.8%) 3/0

▲ 권역별 비례대표제를 19대 총선 결과에 대입해 시뮬레이션한 결과를 보여주는 표.

의원이 아니라 국회가 강해져야 하는 이유

| 선거제도의 개혁 방향성 |

선거제도 개혁과 함께 주목해야 하는 이슈는 국회의원 수의 확대이다. 국회의원은 국민을 대표하는 이들이므로, 국민의 수가 늘어나면 더 많은 국회의원이 국민을 대표해야 한다는 것은 어떻게 보면 자연스러운 일이다. 하지만 국내에서는 국회에 대한 불신, 정치에 대한 혐오감으로 인해 의원 정수 확대 주장이 매우 큰 반대에 부딪혔다. 국회의원을 믿을 수 없는데 그 수만 늘려봐야 무슨 소용이겠느냐는 생각이다. 현재 국회의원 정수는 하한선만 헌법이 정하고 있으며, 상한선은 국회의원이 법으로 정해놓았다. 이론적으로는 언제든 국회의원이 의원의 수를 늘리는 법안을 통과시키기만 하면 된다. 하지만 국민의 여론을 의식해야 하는 현실에서는 이러한 법률을 통과시키기란 매우 어렵다.

▲ 국회의원의 수가 늘어나면 국회 전체의 힘은 늘어날 것이다. 동시에 국회의원 개인의 권력은 줄어들게 된다.

국회는 일반 사회의 축소판이어야 한다. 다양한 계층과 집단이 원내에서 다양한 국회의원을 통해 대표되어야 한다. 자신의 지역·사회적 지위·계층·집단을 대표하는 국회의원이 존재해야 하며 유권자는 이를 인식하고 해당 국회의원을 의회로 보내야 한다. 대한민국 국회는 지역 대표성이 다른 요건에 비해 매우 강조되어 있다. 지역구 국회의원이 비례대표 의원에 비해 네 배 이상 많고, 비례대표 국회의원도 지역주의로 인해 특정 지역을 완전히 배제할 수 없다는 것이 이를 잘 보여준다. 지역적인 구분도 중요하지만 사회적 지위나 계층에 대한 구분도 중요하다. 우리는 직업을 가짐으로써, 또는 가정을 꾸림으로써 자연스럽게 특정 그룹에 소속된다. 예를 들어 아이가 태어나면 학부모라는 사회적 그룹에 소속되고, 중소기업에 취직하면 중소기업 회사원이라는 사회적 그룹의 일원이 된다. 이렇게 소속된 집단의 목소리를 대변해줄 국회의원이 필요하다.

또한 국회는 정부의 예산 집행을 감시하는 역할을 한다. 2015년 박근혜 정부의 예산은 375조 4,000억 원이다. 수백 조에 해당하는 예산이 어떻게 쓰이는지 300명의 국회의원이 심사하는 것이 가능할까? 민주주의 국가에서 삼권분립은 매우 중요한 개념이다. 국회가 행정부의 아래에 존재하는 기관이 아닌 대등한 파트너가 되고, 그러한 인식을 국민에게 심어주기 위해서는 그 권한을 확대해야 한다.

국회가 강해지는 것과 국회의원이 강해지는 것은 다르다. 국회의원의 숫자가 늘어나면 자연스럽게 국회의 기능이 확대되어 보다 힘 있는 국회가 될 것이다. 하지만 국회의원 개개인은 약간이나마 권력의 축소를 경험할 것이다. 권력을 적은 수의 사람들에게 집중시키기보다, 보다 많은 사람에게 배분하여 축소하는 방법을 생각해보아야 한다.

독일식 선거제도에 주목해야 하는 이유는 지역구 의원과 비례대표의원의 비율이 1:1이기 때문이다. 우리나라에서도 비례대표의 수를 늘릴 필요가 있지만, 이 역시 전체 의원 수가 확대되지 않고서는 어렵다. 지역구 국회의원이 다수인 상황에서 지역구 의원 수 축소를 전제로 한 비례대표 확대 법안이 통과되기는 어려울 것이다. 지금과 같이 수도권과 지방의 불균형이 계속 중요한 문제로 떠오른다면 비례대표의 증가에 앞서 지역구가 늘어날 가능성마저 있다. 지역구 의원과 비례대표 의원 비율이 4:1을 이루는 우리나라의 국회 구성은 선거제도와 함께 개혁이 필요한 문제 중 하나이다.

국민이 원하는 후보자, 가능한 것일까?

| 미국의 오픈 프라이머리 |

공천권을 국민에게 돌려준다는 것은 박근혜 대통령의 대선공약 가운데 하나였다. 지금 새누리당 김무성 대표의 가장 중요한 어젠다도 오픈 프라이머리이며, 2월의 중앙선관위에서 발표한 선거제도 개혁안에도 국민완전경선제 법제화가 담겨 있다. 오픈 프라이머리는 미국식 선거제도로, 예비선거를 통해 본선거 후보자를 선정한다. 한국 정당정치의 문제점으로 공천 과정의 투명성과 공정성 부족이 늘 손꼽혀왔다. 지금까지 여론조사·공천 배심원제·상향식 공천·국민경선 등 다양한 시도가 있었지만 공정성과 투명성이 부족 문제는 해소되지 않았다. 오픈 프라이머리, 즉 국민완전경선제는 이에 대한 해결 방안으로서 제시된 것이다.

미국에서 공직 후보자를 선정하는 방식은 크게 세 가지가 있다. 코커스라 불리는 간부회의, 컨벤션, 프라이머리가 그것이다. 프라이머리 이전에는 주로 코커스를 통해 후보자를 선정했으나, 20세기 초 제도가 도입된 이후 예비선거로 후보를 선정하는 비율이 꾸준히 증가하여 지금은 프라이머리가 주요 후보 선정 방식이 되었다. 2012년 미국 대선을 예로 들면 민주당의 경우 14개 주가 코커스를 통해 대의원을 선출했으며, 36개 주에서는 프라이머리를 통해 대의원을 선출했다. 36개 주 가운데 일반의 참여가 가능한 오픈 프라이머리는 가장 많은 20개 주에서 행해졌다. 공화당도 15개 주에서 코커스를 통해, 35개 주에서 프

▲ 미국 정당의 공천 절차 중 하나인 프라이머리는 개방성과 민주성을 확보할 수 있다는 장점이 있다.

라이머리를 통해 대의원을 선출했다. 오픈 프라이머리는 민주당과 같은 20개 주에서 행해졌다. 미국의 경우 공직 후보자 선출방식이 주법으로 정해져 있어, 주마다 선출방식이 다르다. 예비선거제도를 도입한 것은 유권자의 참여를 확대해 후보자 선정 과정의 민주성과 개방성을 높이기 위해서였다. 여론의 지지를 받지 못하는 자가 후보로 선정되어 본선거에서 패배하는 일이 빈번하게 발생하면서, 예비선거제도가 후보자 지정 절차 개혁의 일환으로 도입·발전하게 된 것이다. 앞에서 언급한 것과 같이 프라이머리의 장점은 개방성과 민주성을 확보할 수 있다는 것이며, 여기에 더해 오픈 프라이머리의 경우 일반 유권자의 정치 참여를 유도한다. 단점은 선거비용이 증가하고, 정당의 역할 축소를 초래할 수 있다는 것이다. 또한 정치적 소수자에게 불리하고 현역 의원에게 매우 유리한 제도라는 특징도 있다.

한국의 오픈 프라이머리, 성공할 수 있을까?

| 한국의 오픈 프라이머리 시행 과제 |

2015년 뉴스에서 많이 등장한 키워드 가운데 하나로 '원내정당'을 꼽을 수 있다. 미국의 경우 원내대표가 당을 대표하고 정당정치가 국회 안에서 주로 이루어진다. 한국은 당원에 의해 선출되는 당대표가 거대한 권력을 가지는 원외정당체제이다. 그래서 정치적인 문제 대부분이 국회 안에서가 아니라 바깥에서 다루어진다. 국회가 정치의 중심이 되지 못하는 것이다. 원내정당의 경우 원외정당보다 훨씬 민주적인 구조로, 국회의원 개개인의 자율성이 강조되기 때문에 보다 민심에 빠르게 반응할 수 있다. 국민완전경선제는 지금까지 소외되었던 일반 유권자를 참여시켜 원외의 권력을 축소함으로써, 원내정당체제로 변화하는 계기가 될 수도 있다.

여기에는 선거비용 증가가 뒤따른다. 공정성과 투명성을 확보하기 위해서는 공천 선거를 당에서 자체적으로 치르는 것이 아니라, 중앙선관위의 감독 아래 치러야 한다. 또한 일반 유권자의 참여를 이끌어내기 위해서는 예비선거에 대한 홍보도 필요하고 절차 또한 어렵지 않아야 한다. 즉 본선거를 두 번 치르는 셈이다. 여기에 해결하기가 매우 까다로운 역선택 문제도 있다. 같은 날 선거를 치르는 방식이 한 가지 해결책이 될 수 있는데, 이럴 경우 선거비용의 문제는 더욱 크게 다가올 수 있다.

오픈 프라이머리가 시행되면, 본인을 알릴 기회가 상대적으로 적은

역대 초선의원 비율

(단위: 명)

	17대	18대	19대
초선	188 (62.8%)	134 (44.8%)	148 (49.4%)
재선	56 (18.7%)	89 (29.7%)	70 (23.3%)
3선	39 (13.0%)	45 (15.0%)	50 (16.7%)
4선	8 (2.67%)	19 (6.3%)	19 (6.3%)
5선	7 (2.34%)	7 (2.3%)	9 (3.0%)
6선	1 (0.33%)	4 (1.3%)	3 (1.0%)
7선	0	1 (0.3%)	1 (0.3%)

한국과 미국의 초선의원 비율 비교

구분	한국	미국 하원	미국 상원
평균 선수(임기)	1.9(4년)	4.4(2년)	1.6(6년)
초선의원 비율	54.3%	13.8%	13%

정치 신인보다는 지역구에서 네트워크를 구축한 현역 의원이 당연히 유리하다.

한국은 초선의원의 비율이 특히 높은 국가이다. 국회에 새로운 인물을 보내는 것이 혁신 및 개혁의 상징으로 인식되기 때문에 매번 40~50퍼센트에 달하는 국회의원이 초선으로 구성된다. 이런 경우 국회가 연속성을 가지기 어렵다. 국회의원이 업무에 대한 노하우를 축적하는 것도 쉽지 않다. 오픈 프라이머리는 정치 신인이나 정치적 소수자에게 불리한 환경을 제공하지만 국회의 안정화라는 측면에서 장점이 될 수도 있다.

예비선거는 유권자의 참여를 확대할 좋은 방법이 될 수 있다. 이를 위해 반드시 선행되어야 할 것은 후보자에 대한 원활한 정보 공유이다. 선거 기간에 촉박하게 돌리는 전단지·포스터나 시끄러운 차량 유세를 통해서가 아니라, 평소 의정 활동이나 지역 활동을 통해 유권자들이 살아 있는 정보를 얻을 수 있는가가 매우 중요하다. 국민이 참여할 수 있는 경선으로 바뀌었으니 당연히 참여할 것이라는 생각은 너무나도 순진한 것이다.

대한민국 정치는 변할 수 있을까?
| 정치혐오를 벗어나기 위해 |

선거제도·의원 정수·국민완전경선제 모두 대한민국 정치에 큰 변화를 불러올 수 있는 중요한 쟁점이다. 하나하나가 충분한 시간을 들여 고민하고 국민과 함께 결정해나가야 하는 사안임에도, 이런 문제들이 2016년 총선을 불과 6개월 앞둔 시점에서야 크게 주목받는다는 것이 걱정스럽다. 모든 변화에는 반작용이 따른다. 특정한 제도의 도입은 예상치 못한 변화를 동반할 수도 있다. 변화를 꾀하기 전에 우리나라 정치에서 진정으로 바뀌어야 할 부분이 어디인지 정확히 식별해야 한다.

우리나라는 정치인 또는 정치에 대한 대다수 국민의 신뢰도가 매우 낮다. 이런 상황에서 아무리 좋다고 생각하는 제도를 도입한들 그 효과가 미미할 것이다. 선거는 국민이 하는 것이고, 국회의원의 권력은 국민으로부터 나온다. 국회의원이 특정 계층·지역·정체성 등을 명확히 대표하고 그 목소리를 대변해 권익을 주장할 수 있어야만 국민의 신뢰를 얻을 수 있다. 국회의원이 자신의 직업적 소명, 즉 국민을 위해 일하는 사람이라는 소명을 다하지 않고서는 진정한 의미의 정치 개혁은 요원한 일일 것이다.

김대식

사단법인 열린연구소의 설립자이자 소장. 1982년 대구 출생. 미국 조지타운 대학교에서 사회학과 경제학을 공부한 뒤 하버드 케네디 스쿨에서 공공정책 석사학위를 취득했다. 미국에서 발전된 정치를 공부하고 경험하면서 대한민국에도 인터넷을 통한 정치 정보의 공개가 필요하다고 느껴 2012년에 사단법인 열린연구소를 설립했다. 사단법인 열린연구소에서는 의정 감시, 국회의원 성향 평가, 대선공약 추적 등의 활동을 진행하며, 장기적으로 정치 데이터베이스를 만들고자 한다. 이를 통해 대한민국의 정치인이 젊은이들에게 롤모델이 될 수 있도록 하기 위해 노력하고 있다.

정책

똑똑한 정부가 필요하다

행동경제학이 가져온 정부 정책의 변화

'정부'라는 단어는 우리의 일상과 동떨어진 것처럼 들리지만, 정부가 결정하고 집행하는 정책이 삶에 미치는 영향은 어마어마하다. 2014년 미국 연방정부 예산은 3조 5천억 달러, 영국 중앙정부 예산은 1조 1천억 달러, 그리고 한국 중앙정부 예산은 350조 원에 달한다. 이렇게 큰 예산을 매해 집행하는 정부는 어떤 기준으로 정책을 만들까? 정부 정책의 효과는 어떻게 판단하고 평가해야 할까?

정부가 세우는 경제·복지·환경·교육 등의 정책이 개인의 삶의 질이나 국가 경쟁력에 미치는 영향을 고려할 때, 국민은 정부 정책의 세세한 사항까지 더 많이 알 권리가 있음에도 실제로는 그러한 권리를 보장받지 못하고 있다. 정책 입안 및 집행 과정은 불투명하며, 언론에서는 실패한 정부 정책 사례를 단골로 다룬다. 정책 실패로 예산이 얼마 낭비됐다는 뉴스에 익숙해진 국민들에게 정부는 혁신과는 가장 거리가 먼 조직이 되었다. 불행하게도 국민의 인식 속에서뿐 아니라 실제로도 한국 정부는 혁신과 거리가 멀다.

최근 미국의 오바마 행정부와 영국의 캐머런 행정부는 정부가 혁신의 선두주자가 될 수 있음을 보여준다. 습관적으로 관행을 따르거나 들쭉날쭉한 추측에 기댄 정책을 세워 예산을 집행하기보다는 행동경제학과 사회과학 연구들을 정책 결정 과정에 적극적으로 반영하면서 근거 중심의 정책 결정으로 패러다임을 옮겨가고 있는 것이다. 정부가 쓰는 돈은 세금에서 나온 것인 만큼 돈을 쓰기 전에 결과나 파장을 철저히 예측하고 그것을 토대로 효율적인 계획을 세울 것 같지만 실상은 그렇지 않다. 근거 중심의 정책evidence-based policy이란 한국뿐 아니라 전세계 행정부 대부분에서 대단히 낯선 개념이다. 오바마 행정부와 캐머런 행정부는 대체 어떤 실험을 하고 있는 걸까? 여기서는 행동경제학의 개념과 이를 적용한 정책의 성공 사례를 토대로, 우리 정부가 나아가야 할 방향을 짚어볼 것이다.

과연 인간은 합리적인 존재일까?

| 전통 경제학의 전제 |

전통 경제학에서는 인간을 모든 혜택과 비용을 계산해 개인의 이익을 극대화하는 존재로 가정한다. 이러한 합리적 인간을 전제로 하여 다양한 문제에 접근하는 것이다. 점심 메뉴와 같은 사소한 결정에서부터 결혼할 배우자를 고르는 중대한 결정까지, 늘 크고 작은 선택의 기로에 서게 되는 우리는 정말 합리적으로 모든 것을 결정할까? 일상의 모습을 가만히 살펴보면 사람들은 대체로 자신에게 이득이 되는 방향으로 결정을 내리는 듯하고, 인간을 합리적 존재로 상정하는 전통 경제학의 전제 역시 크게 틀린 듯 보이지 않는다. 하지만 조금만 깊이 생각해보면 우리의 선택에 늘 비합리적인 요소가 끼어든다는 사실을 알 수 있다.

다이어트와 운동을 예로 들어 생각해보자. 매년 1월 1일, 체중감량을 결심하지 않는 사람보다 결심하는 사람이 더 많을 것이다. 새해가 되면 빼놓지 않고 체중감량이라는 목표를 어딘가에 적어넣지만, 이런 새해 결심이 오래가지 않는다는 것을 우리는 각자의 경험으로 잘 알고 있다. 체중감량과 짝꿍인 운동 역시 마찬가지다. 건강을 위해 더 많이 움직이고 싶은 마음이 굴뚝같지만, 몸은 늘 마음보다 게으르다. 어느 순간 소파에 비스듬히 누워 과자를 먹으면서 예능 프로그램을 보고 있는 자신을 발견한 적이 있지 않은가? 체중을 줄이고 계획대로 운동도 꾸준히 하면 건강뿐 아니라 계획을 달성했다는 성취감까지 챙길 수 있을 텐데, 왜 그렇게 많은 사람들이 매년 목표를 세우고 지속적으로 실패하는

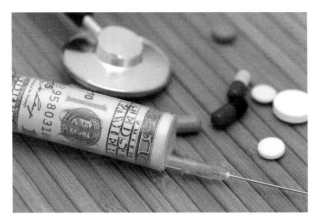

▲ 행동경제학은 인간의 합리성이 제한적이라고 가정하고, 효용을 극대화하지 못하는 행동이나 습관을 바꾸는 방법을 고민한다.

것일까? 인간이 비합리적이라는 증거는 또 있다. 알코올이나 약물 중독처럼 개인의 정신적·육체적 건강을 심각하게 해치는 행동을 좀처럼 끊지 못하는 사람들에게서도 우리는 이러한 증거를 발견한다. 노후를 위해 저축을 하거나 연금에 가입하는 것이 좋다는 사실을 알지만, 이에 관한 정보를 적극적으로 탐색하고 실천하는 사람들은 많지 않다.

전통 경제학이라면 이렇게 설명할 것이다. 합리적 인간이 운동하러 밖에 나가는 대신 소파에 누워 텔레비전을 보는 이유는, 두 가지 일의 혜택과 비용을 따졌을 때 궁극적으로 후자가 더 큰 효용을 주기 때문이라고 말이다. 호모 이코노미쿠스를 믿는 사람이라면, 알코올과 약물을 계속 투여하는 것이 중단하는 것보다 그 개인에게 더 큰 효용을 주기 때문에 계속 중독 상태에 있는 것이라고 진단할 것이다. 최근 국제 사회의 큰 골칫거리로 떠오른 자살 테러 행위도 마찬가지다. 전통 경제학으로 이러한 테러리스트의 동기를 분석하면, '자신의 행동을 통해서

누리게 될 효용'이 산출될 것이다. 하지만 자살 테러 이후에 그에게 남겨지는 것은 죽음뿐이다. 죽은 뒤에 무엇을 얻는다는 것부터가 어불성설이지 않은가? 이렇듯 일상의 경험이나 사회적 현상 및 사건 가운데는 인간을 합리적 존재로 상정해 설명할 수 없는 일들이 많다.

왜 사람들은 손실에 더 민감할까?

| 전통 경제학에 반발한 행동경제학 |

이러한 전통 경제학의 가정을 수정한 것이 행동경제학이다. 행동경제학은 인간의 합리성이 제한적이라는 것을 핵심 전제로 한다. 사람들은 체중감량이라는 목표를 세우고도 먹는 것보다 터무니없이 적게 움직이고, 자신의 건강을 해치면서까지 알코올과 약물 중독에서 헤어나오지 못한다. 사람들이 자신의 이익과 반대되는 바보 같은 행동을 하는 이유는 무엇일까? 행동경제학은 인간의 비합리적인 부분에 주목하면서 개인의 이해관계에 반하는, 즉 효용을 극대화하지 못하는 행동이나 습관을 어떻게 바꿀 수 있을지를 고민한다. 예를 들어 좋아하는 예능 프로그램을 보면서 운동할 수 있도록 하면 어떨까? 하기 싫어하는 일과 좋아하는 일을 함께 묶으면 좀처럼 움직이려 하지 않던 사람들의 선택을 다른 방향으로 이끌 수 있다.[1]

행동경제학은 또한 사람들이 의사결정을 내리는 과정에서 다양한 요인의 영향을 받는다는 데 주목한다. 여기 5만 원이 있다고 하자. 누군가가 5만 원을 잃었을 때 행복이 10퍼센트 줄어든다면, 반대로 5만 원을 얻었을 때는 행복이 10퍼센트 늘어야 한다. 인간이 합리적이라고 전제한 전통 경제학에서라면, 5만 원이라는 금전적 가치가 변하지 않기 때문에 그에 따른 효용이나 행복도의 변화 역시 대칭을 이루는 것이 당연하다. 하지만 대부분의 사람들은 5만 원이 생겼을 때의 긍정적 감

▲ 5만 원을 잃은 사람이 느끼는 부정적 감정은 5만 원이 생겼을 때 느끼는 긍정적 감정보다 크다. 행동경제학은 개인의 의사결정 과정을 분석할 때 이러한 요인을 함께 고민한다.

정보다 5만 원을 잃었을 때의 부정적 감정을 크게 느낀다. 왜 똑같은 금액인데 사람들은 손실에 더 민감할까? 행동경제학은 개인의 의사결정 과정을 분석할 때 이러한 요인을 함께 고려한다.

개인의 의사결정에서 중요한 한 가지 요인은, 사람들이 사회적 시선이나 평판을 중요하게 생각한다는 점이다. 전통 경제학이 '합리적 인간이라면 주변의 시선이나 평판에 신경쓰지 않을 것'이라고 기계적으로 단정짓고 실제 사람들의 사고방식과 동떨어진 분석을 하고 있을 때, 행동경제학은 다양한 요인을 고려한 폭넓은 분석으로 사람들의 의사결정 과정을 이해하려 했다. 그 결과, 문제에 대한 해결책도 훨씬 다양하게 제시할 수 있게 되었다.[2]

학급당 학생 수를 줄이면 학업 성취도가 높아질까?

│ 무작위 실험의 효용 │

행동경제학자들은 연구 결과를 도출하기 위해 무작위 실험을 실시하곤 한다. 무작위 실험이 다른 방법론보다 인과관계를 더 분명하게 드러내주기 때문이다. 이전부터 경제학·정치학 등의 사회과학 분야에서 데이터를 이용한 실증적 연구가 널리 이루어졌지만, 이는 관찰 데이터를 기반으로 하는 경우가 많았다. 관찰 데이터에서는 두 현상의 관련성을 보여주는 상관관계와 한쪽이 다른 쪽의 원인이 됨을 보여주는 인과관계를 구분하기가 쉽지 않다. 특히 사회과학 연구를 토대로 정부 정책을 수립하려 할 경우 원인과 결과를 명확히 구분하는 것은 매우 중요하다. 원인 파악 없이는 효과적인 정책을 세울 수 없기 때문이다.

'학급당 학생 수를 줄이면 학생들의 학업 성취도가 높아질까?' 이 질문에 대한 답을 찾는 과정을 생각해보자. 관찰 데이터를 기반으로 실증적 연구를 하는 학자라면, 우선 여러 학교에서 학급당 학생 수와 학생들의 시험 성적 데이터를 모은 뒤 학급당 학생 수가 적은 학교에 다니는 학생들의 성취도가 더 좋은지 살펴볼 것이다. 물론 학급당 학생 수 외에도 학생들의 성취도에 영향을 미치는 요인이 많으므로 부모의 교육 수준이나 소득, 학생의 IQ, 성별 등 다른 요인들을 통제하면서 결과를 분석한다. 이러한 데이터를 이용해 결과를 분석한 과거 경제학 논문들을 보면, 학급의 크기와 학생들의 성취도 사이에는 관계가 없거나 오히려 학생 수가 적은 학급에 있는 학생들의 성취도가 더 낮다는 결론이 산출된 경우가 대부분이었다.

정말 그럴까? 앞의 연구는 선택 편향$_{selection\ bias}$의 덫에 걸려 잘못된 결론을 내린 것이다. 많은 학교에서 성적이 낮거나 선생님의 특별한 관심과 지도가 필요한 학생들을 학생 수가 적은 반에 배정한다. 그러므로 학급당 학생 수와 학생의 성취도의 관계만 단순히 살펴보면 원인과 결과를 잘못 짝지을 위험이 높다. 관찰 데이터를 통한 분석에는 늘 이런 선택 편향의 문제가 따르곤 한다. 선택 편향을 더 잘 이해하기 위해 예를 하나 더 들어보자. 병원에 자주 가는 사람은 어쩌다 한 번씩 가는 사람보다 몸이 더 아픈 사람일 확률이 높다. 그러므로 단순히 병원 방문 빈도와 개인의 건강을 비교하면 '병원이 사람을 더 아프게 만든다'라는 잘못된 결론으로 빠지게 된다. 아픈 사람이 병원에 더 자주 간다는 사실을 통제하지 않고서는 병원에서 진료를 받는 것이 병을 낫게 하는지 아닌지를 측정하기 어렵다. 통계학과 계량 경제학의 발전으로, 관찰 데이터를 바탕으로 분석하면서도 선택 편향 문제를 해결할 수 있는 방안들이 만들어졌다. 그럼에도 관찰 데이터를 통해 인과관계를 증명하는 것은 여전히 어려운 일이다.

그렇다면 행동경제학이 사용하는 무작위 실험의 장점은 무엇일까? 무작위 실험에서는 실험 참여자를 실험군과 통제군으로 나누는데, 이를 무작위로 나누기 때문에 실험에 참여하는 사람의 수가 많으면 두 그룹의 특징이 매우 비슷해진다. 다른 모든 조건을 통제한 뒤 실험군과 대조군 사이에서 확인하고 싶은 변수만 다르게 적용하면, 두 그룹에서 나타난 차이가 어떤 변수 때문인지를 분명히 알 수 있다. 원인과 결과를 명확히 짝지을 수 있는 것이다.

▲ 중도 포기자를 제외하고 남은 사람들만을 대상으로 다이어트 약의 임상실험 결과를 산출한다면 그 결과는 올바르지 않을 것이다. 실증적 연구를 할 때에는 선택 편향을 주의해야 한다.

다시 앞의 예로 돌아가보자. 학급당 학생 수와 학업 성취도의 관계를 확인하기 위해 무작위 실험을 하려면, 학생들을 학급당 학생 수가 적은 학급과 많은 학급으로 무작위 배정한 뒤 나중에 두 학급의 학업 성취도 차이를 평가하면 된다. 미국 테네시 주 의회에서 1985년에 1,200만 달러의 예산을 투자해 이러한 내용의 무작위 실험을 진행했다. 이 실험에 참여한 1만 1,600명의 학생들은 학급당 학생 수가 각각 13~17명, 22~25명인 학급에 무작위로 배정되었다. 4년간 이 학생들의 학업 성취도를 분석한 결과, 관찰 데이터에서는 드러나지 않았던 작은 학급의 긍정적 효과가 분명하게 드러났다. 작은 학급에 배정된 학생들의 성취도가 큰 학급에 배정된 학생들보다 높았고 그 차이는 통계적으로 유의미했다.[3] 테네시 주의 무작위 실험을 통해 드러난 작은 규모 학급의 긍정적 효과는 이후 교육 정책의 중요한 토대가 되었다.

행동경제학의 위상
| '넛지'의 목표 |

행동경제학의 수장으로 불리는 시카고 대학교의 경제학자 리처드 쎄일러Richard H. Thaler의 이름은 우리에게 이미 익숙하다. 그가 하버드 대학교의 법학자 캐스 선스타인Cass R. Sunstein과 함께 쓴 책《넛지Nudge》는 한국에서도 베스트셀러가 되었다. '넛지'는 '상대방의 옆구리를 쿡 찌르다'라는 뜻으로, 책에서는 간단한 제도나 장치를 통해 사람들을 더 현명한 선택으로 이끄는 것을 의미하는 말로 사용되었다. 강요가 아니라 현명한 개입을 통해 개인들이 계속 저지르는 실수나 현명하지 못한 선택을 막는 것, 궁극적으로는 개인의 효용을 높이는 것이 넛지의 목표다. 쎄일러 교수가 박사학위를 받고 대학 현장에서 연구하며 가르치던 1970년대만 해도 개인이 완벽히 합리적이지 않다는 가정은 경제학계에서 거의 받아들여지지 않았다. 쎄일러 교수는 경제학이 가정하는 인간과 현실의 인간 사이에 크나큰 간극이 있다는 사실에 주목했으며, 전통 경제학 이론에 의문을 제기하는 연구 결과를 꾸준히 발표했다. 1990년대 말, 인간의 합리성을 그 어느 대학보다 굳게 믿었던 시카고 대학교에서, 행동경제학파인 선스타인과 쎄일러는 행동경제학이 법과 공공정책에

▲ 행동경제학의 수장이라 불리는 리처드 쎄일러는 2015년도 전미 경제학회장을 역임했다. 경제학계 내에서 행동경제학의 위상이 높아졌음을 단적으로 보여주는 사례이다.

접근하는 방식을 바꿀 것이라고 주장했다. 로널드 코즈Ronald Coase, 개리 베커Gary Becker 등 경제학의 거두들은 행동경제학파를 강하게 비판했고 두 진영 간의 날선 의견 대립이 격하게 이어졌다.[4]

행동경제학의 위상은 갈수록 커져갔다. 행동경제학적 사고에 큰 영향을 미친 조지 애컬로프George Akerlof가 2001년에 노벨 경제학상을 받았으며, 이듬해인 2002년에도 사람들이 이익과 손실에 다르게 반응한다는 것을 밝혀내고 행동경제학의 발전에 크게 이바지한 심리학자 대니얼 카너먼Daniel Kahneman이 노벨 경제학상을 수상했다. 《행동경제학과 그 응용》이라는 책을 집필한 MIT의 경제학자 피터 다이아몬드Peter Diamond도 2010년에 노벨 경제학상을 받았고[5], 리처드 쎄일러 교수는 2015년 전미 경제학회장을 역임했다. 이는 경제학계 내에서 행동경제학의 위상이 얼마나 높아졌는지를 단적으로 보여주는 사례이다.

정부 정책을 수립하는 과정에서 행동경제학이 고려되는 비중 역시 크게 변화했다. 다양한 사회 문제의 해결을 목표로 정책을 수립해야 하는 정책 결정자들에게 인과관계를 명확히 밝히려는 행동경제학의 접근법은 무척 매력적일 수밖에 없다. 특히 영국의 캐머런 행정부와 미국의 오바마 행정부는 행동경제학의 원칙을 가장 적극적으로 도입해왔다. 영국과 미국의 사례는 명확한 근거를 중심으로 정책 결정을 하면 정부 운영이 얼마나 효율적으로 변할 수 있는지, 그럼으로써 얼마나 많은 사람의 삶을 윤택하게 만들 수 있는지를 잘 보여준다.

영국 넛지팀의 흥미로운 실험들
| 캐머런 행정부 사례 |

2013년 〈뉴욕타임스〉는 영국 정부가 어떤 계기로 행동경제학의 원리를 적극적으로 받아들이게 되었는지, 또 영국 정부가 어떤 실험들을 진행했으며 어떤 효과를 거두었는지에 대해 심층 취재했다.[6] 영국 정부의 변화를 가져온 것은《넛지》였다. 2008년 이 책이 발표된 이후 캐머런 총리는 책에서 소개한 행동경제학의 원리를 적극적으로 받아들였는데, 2010년 내각에 행동경제학 전담 팀Behavioral Insights Team을 만들었을 정도다. 일명 '넛지팀'이라고 불리는 이 부서의 역할은 간단하면서도 포괄적이었다. 행동경제학과 사회과학의 연구 결과를 토대로 정부 예산을 효율적으로 쓰면서 더 많은 사람을 도울 수 있는 정책을 만드는 일이었다.[7] 이 과정에서 핵심적인 역할을 한 인물은 총리실의 최연소 참모인 로한 실바Rohan Silva였다.

▲ 영국 정부의 일명 넛지팀에서는 행동경제학의 연구 결과를 토대로 정부 예산을 효율적으로 쓰는 동시에 더 많은 사람을 도울 수 있는 정책을 만드는 일을 했다.

2008년 당시 27세였던 실바는 《넛지》열 권을 주문했고, 당시 보수당 대표였던 캐머런이 그중 한 권을 가져갔다. 실바는 이전에도 캐머런에게 《넛지》라는 책과 행동경제학에 대해 자주 언급했었다. 책을 가져가고 일주일이 지난 뒤, 캐머런은 리처드 쎄일러 교수를 만나고 싶다고 말했고 그 만남은 성사되었다. 캐머런이 총리가 된 직후 신설된 넛지팀은 총 50개 이상의 실험을 진행했다.

2009년 캐머런 정부에서 일하던 24세의 심리학자 알렉스 기아니Alex Gyani에게 주어진 일은 구직 활동 중인 실업자들이 더 빨리 일자리를 찾을 수 있도록 하는 새로운 정책을 제안하는 것이었다. 방법을 모색하던 중 그는 1994년에 발표된, 그리 유명하지 않은 논문을 접하게 되었다. 미국 텍사스 주에서 실업 상태인 엔지니어들을 두 그룹으로 무작위로 나눈 뒤, 한 그룹에는 일자리를 잃는 것이 어떤 기분인지를 일기처럼 쓰도록 했고 다른 그룹에는 그런 당부를 하지 않았다. 논문은 기분을 계속 기록한 엔지니어 그룹이 그렇지 않은 엔지니어들보다 두 배나 많이 일자리를 찾았다는 내용을 담고 있었다. 기아니는 이 아이디어를 런던의 북동쪽에 있는 도시 에식스Essex의 고용센터에 적용하기로 했다. 실직 상태의 느낌이 어떤지 써보라고 하는 것은 처음에는 이상하게 들리기도 했다. 일주일에 한 번, 20분 정도 감정을 기록해보자는 제안을 받은 한 실직자는 처음에는 말이 없었지만 몇 분 지나지 않아 "못할 것도 없죠 뭐"라며 승낙했다. 구직 조언을 듣기 위해 고용센터를 찾을 때마다 그는 간단하게 자신의 감정을 기록했다. 이 남성은 여러 군데의 일터에 지원했지만 번번이 낙방했던 경험, 아침에 일어나도 할 일이 없다는 것과 아내가 자신을 떠난 가슴 아픈 경험에 대해 썼다. 처음에는 두서없었던 그의 기록은 시간이 흐르면서 점점 정돈되었고, 그는 서서히 자신감을 얻기 시작했다. 몇 달 후 그는 건설 현장에서 정규직 일자리를 얻었는데 그것이 생애 최초로 얻은 정규직 일자리였다. 이 실험을 계기로 많은 고용센터에서 실업자들에게 제공하는 고용교육에 변화를 주었고, 그 효과는 다양한 도시에서 다양한 사례로 나타났다.

영국 정부의 넛지팀이 진행한 실험 가운데 가장 널리 알려진 것은 바로 세금과 관련된 것이다. 기존에 정부가 세금 미납자들에게 보내던 문서에는 정해진 시한까지 세금을 내지 않으면 처벌을 받게 된다는 내용만 적혀 있었다. 그런데 넛지팀에서 일하고 있던 데이비드 핼펀David Halpern 교수는 새로운 실험을 고안했다. 세금 미납자 중에서 10만 명을 선정해서 이들에게 무작위로 서로 다른 편지를 보내고 편지의 내용이 세금 납부 정도에 영향을 미치는지를 살피는 실험을 진행한 것이다. 우선 통제 그룹에는 기존과 같은 내용의 경고장을 보냈다. 그리고 두 번째 그룹에는 자신이 사는 지역에 있는 다른 미납자 대부분이 밀린 세금을 이미 냈다는 내용의 편지를 보냈다. 세 번째 그룹에 보낸 편지에는 자신과 비슷한 액수의 세금을 미납했던 대부분의 사람이 이미 세금을 냈다는 내용을 담고 있었다. 그리고 네 번째 그룹은 두 번째 그룹과 세 번째 그룹이 받은 편지를 통합한 내용, 즉 자신이 사는 지역에 살고 있으며 자신과 비슷한 액수의 세금을 미납했던 사람들 대부분이 세금을 냈다는 편지를 받았다.

기존에 미납자들에게 보내던 경고장의 내용을 바꾸었을 뿐인데 미납자들의 행동에 엄청난 변화가 일어났다. 실험 결과, 네 번째 그룹은 통제 그룹보다 세금 납부율이 5퍼센트가 높았다. 결과적으로

2012~2013 회계연도에 영국에서 미납자들이 낸 세금은 이전 해보다 총 2억 1천만 파운드가 늘었다. 이는 사람들이 사회적 평판을 중요시하고 자신과 비슷한 처지에 있는 사람들의 선택에 영향을 받는다는 행동경제학의 기본 통찰을 정부 정책에 간단히 적용한 결과였다.

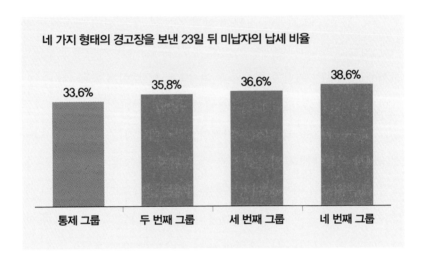

네 가지 형태의 경고장을 보낸 23일 뒤 미납자의 납세 비율

통제 그룹	두 번째 그룹	세 번째 그룹	네 번째 그룹
33.6%	35.8%	36.6%	38.6%

넛지팀은 세금을 제때 내도록 하는 것부터 장기기증과 기부를 늘리는 것, 그리고 임신부의 금연을 장려하는 정책에 이르기까지 다양한 분야의 정책을 입안할 때 행동경제학의 원리를 적용하고 있다. 영국 넛지팀에 무보수 공식 고문으로서 조언을 주고 있는 쎄일러 교수는 "영국은 행동경제학의 원리를 국가적 차원에서 적용한 첫 번째 나라"라며 칭찬을 아끼지 않았다.

미국의 무작위 실험 방법

| 오바마 행정부 사례 |

오바마 대통령은 2009년 취임과 동시에 《넛지》의 다른 저자 캐스 선스타인 교수를 규제 정책을 관장하는 자리에 앉혔다. 하지만 미국 행정부에서 행동경제학 원리를 적극적으로 활용하기 시작한 것은 영국 정부가 넛지팀을 꾸리고 난 뒤였다. 오바마는 취임 초부터 각 분야에서 두각을 드러내는 학자들의 의견을 적극적으로 반영해 근거 중심의 정책을 집행한다는 원칙을 세워두고 있었다. 근거 중심의 정책 집행이란 학계 연구를 통해 효과가 입증된 정책에 우선순위를 두고 행정부가 예산을 배분하고 집행하겠다는 것이다.

브루킹스 연구소의 론 해스킨스Ron Haskins는 《근거를 보여줘Show me the Evidence: Obama's Fight for Rigor and Results in Social Policy》라는 책을 통해 십대들의 출산율을 낮추는 일, 저소득층 가정 영아들의 건강을 증진하기 위한 간호사들의 가정 방문 프로그램, 혁신 프로그램 투자, 사회혁신 펀드 조성, 국제무역 경쟁으로 일자리를 잃은 사람들에 대한 재교육 프로그램, 미국 노동인구의 생산성 증진을 위한 혁신 펀드 정책 등을 조망했다. 해스킨스는 특히 이들 각각의 정책에 예산을 배분할 때 근거 중심주의가 어떤 역할을 했는지 자세히 기술했다.[8]

해스킨스가 소개하고 있는 여섯 개 프로그램 가운데 대부분은 오바마 행정부 이전부터 실행되어오던 것이다. 오바마 행정부가 기존의 행정부와 다른 점은 이미 그 효과가 검증된 정책에 우선 예산을 배분하고, 특정 사회 문제를 효과적으로 줄인 프로그램에 대한 지원을 지속적으로 늘렸다는 것이다. 행정부 관료들이 늘 해오던 방식으로 예산을 집행하고 정책을 결정하는 것이 아니라, 무작위 실험 방법을 도입하여 효과를 검증한 방법에 가산점을 부여했다. 학계에서 이미 검증받은 방법인지 여부가 예산 집행의 중요한 기준이 된 것이다. 각 주정부나 지방정부는 연방정부에 예산을 요구할 때 근거 중심 원칙에 부합하는 세심하고 체계적이며 효과가 입증된 정책으로 계획안을 구성해 제출했다. 저소득층 가정에 사회복지사나 간호사를 파견해 상담을 해주는 프로그램은 과거 다양한 학계 연구를 통해 그 효과가 입증되었기에 2010년에 150억 달러의 예산이 책정됐다. 지방정부나 비영리 단체가 제출한 102개 프로그램이 지원을 받았고 정부는 5,260만 달러를 투자했다. 가장 체계적인 제안서를 낸 것으로 평가된 애리조나 주의 프로그램은 연방정부로부터 2011년에 940만 달러를 지원받았고, 2013년에 270만 달러를 추가로 받았다. 테네시 주 역시 2012년과 2013년에 총 960만 달러를 지원받았다.

정부 예산을 근거 중심주의에 입각해 책정할 때 가장 어려운 문제는 어떤 근거를 기준으로 제안서를 평가하느냐이다. 오바마 행정부 역시 이 문제에서 자유롭지 않았다. 무작위 실험을 거쳤다거나 이미 학계에서 인정받은 결과라는 기준 외에도 다양하고 공정한 기준을 마련해야 했다. 오바마 정부는 교육·건강 등 다양한 사회 문제를 해결하기 위해 정부 밖의 비영리 단체나 교육 기관을 정책 결정 과정에 적극적으로 참여시켰다. 그 대표적인 예가 미국 공립학교 교육의 질 개선 정책인 'i.3 프로그램'이다. 이 프로그램에는 총

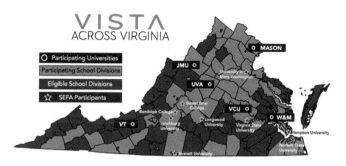

▲ 버지니아 주 과학 교육 개혁안은 빠르게 변화하는 과학기술을 학생들에게 효과적으로 가르칠 수 있도록 하는 방안을 담고 있다. 이는 행동경제학을 적용하여 정부 예산을 책정한 대표적인 예이다.

110억 달러의 예산이 투입되었고 117개 제안서가 정부로부터 지원을 받았다. 교육 분야의 비영리 단체와 많은 대학 연구진들이 제안서를 냈다. 정부는 프로젝트의 방법론 외에도 프로젝트의 단계, 지원자의 경험, 프로그램 평가의 질, 더 큰 규모로 확대될 가능성, 지속 가능성 등을 고려해 제출된 제안서에 점수를 매겼다. 이 모든 과정은 투명하게 공개되었고, 공립학교 교육의 질을 향상할 수 있는 혁신적인 아이디어가 채택되었다.

예를 들어 버지니아 주 과학 교육 개혁안Virginia Initiative for Science Teaching and Achievement은 조지 메이슨 대학교의 연구팀과 버지니아의 47개 학군, 6개의 다른 대학 연구팀 그리고 버지니아 주 교육부가 공동 제출한 제안서로, 초등학교와 중학교에서 근무하는 800명 이상의 과학 교사들이 다양한 전문성 교육 프로그램을 이수해서 빠르게 변화하는 과학기술을 8만 명이 넘는 학생들에게 효과적으로 가르칠 수 있도록 하는 방안을 담고 있다. 이 프로그램은 연방정부로부터 5년간 총 285만 달러의 지원을 받으며 진행되고 있다. 정부의 정책 선정 기준이 변화하자 대학의 연구팀과 실질적으로 정책의 영향을 받는 초등학교와 중학교, 그리고 주정부 교육부가 공동으로 제안서를 내는 빈도가 높아졌으며 이 과정에서 더 좋은 아이디어가 나오기 시작했다. 프로그램이 효과적으로 진행될 가능성과 꾸준히 지속될 가능성도 덩달아 높아졌다.

이렇게 대규모 예산을 들이는 프로젝트 외에도 연방정부는 사람들의 행동에 변화를 주기 위한 다양한 시도를 했다. 미국 농무부USDA가 건강한 식단을 권유하기 위해 만든 포스터도 재미있는 사례로 꼽을 만하다. 균형 있는 식단의 중요성을 강조하고 각 영양소를 얼마나 섭취해야 하는지를 알려주는 이 포스터는 특히 초등학교에서 널리 활용되었는데, 2011년 개정 이전과 이후의 디자인 차이가 매우 크다. 개정 이전의 포스터는 정보를 쉽게 전달하지 못했으며 도리어 혼란스럽게 만드는 면도 있었다. 사람들은 간단하고 명쾌한 정보는 곧잘 수용해서 의사결정에 반영하지만, 똑같은 정보라도 전달되는 방식이 복잡할 경우 그것이 의사결정에 도움이 되는 유용한 정보일지라도 받아들이지 않는 경향이 있다. 이러한 행동경제학의 통찰을 바탕으로 2011년 농무부는 포스터 디자인을 개정했다. 처음에 담당 공무원들은 자신들이 오랫동안 고수해왔던 피라미드 디자인을 버리기를 주저했지만, 현재의 포스터가 유용한 정보를 제공하지 못하고 있다는 지적에 동의했다. 이후 영양학과 커뮤니케이션 전문가들의 조언을 얻어 피라미드를 없애고 아이들에게 친숙한 접시 이미지에 식품 정보를 담았다. 새로 바뀐 디자인은 명쾌하고 간단하다. 채소와 과일을 정확히 몇 퍼센트 섭취해야 하는지는 몰라도 음식의 절반이 채소와 과일, 나머지 절반은 곡물과 고기로

초창기 디자인

1992년 개정 디자인

2005년 개정 디자인

2011년 개정 디자인

▲ 미국 농무부가 건강한 식단을 권유하기 위해 만든 포스터를 개정하는 과정에는 행동경제 학의 통찰 결과가 담겨 있다. 이 사례는 행동경제학의 원리가 정부 정책에 끼친 긍정적인 영향을 단적으로 보여준다.

이루어져 있으면 건강한 식단이라는 것은 누구나 쉽게 파악할 수 있다. 이 사례는 행동경제학의 원리가 정부 정책에 끼친 긍정적인 영향을 단적으로 보여준다.

2015년 9월 15일 오바마 대통령은 대통령 행정 명령Executive Order을 통해 정부 정책 집행 과정에서 행동경제학의 원리를 더욱 적극적으로 활용할 것을 표명했다. 2014년 행정부에 만들어진 '사회과학 및 행동과학 팀The Social and Behavioral Science Team'은 대통령의 지시에 따라 정책 입안부터 집행 과정에 적극적으로 개입하고 있다.[9] 정부 정책의 성패는 무수한 사람의 삶에 영향을 미친다. 좋은 정책은 많은 사람의 삶을 크게 변화시킬 수 있다. 사회과학 및 행동과학 팀이 발표한 보고서를 보면 문자 메시지로 대학 입학에 필요한 서류 목록을 간단히 상기시키는 것만으로도 저소득층 학생들의 대학 등록률이 5.7퍼센트나 올랐다는 것을 알 수 있다. 또 자영업자들이 온라인으로 제출하는 세금 신고서 마지막에 매출을 정확하게 보고했음을 표시하고 서명하는 칸을 하나 더 만든 것만으로 한 분기 정부 세수가 159만 달러 늘었다. 정직하게 보고했다는 사실을 '예' 또는 '아니오'로 기입하는 작은 칸 하나가 자영업자들로 하여금 더 정직하게 매출을 보고하도록 유도한 것이다.[10] 여기에는 큰 예산도 들지 않았다. 미국 정부는 앞으로 행동경제학과 근거 중심주의를 더 다양한 분야로 확대해 적용할 계획이다. 오바마 대통령의 최근 행정 명령은 이러한 미국 행정부의 원칙과 우선순위를 잘 보여준다.

학계의 최신 연구들이 정책으로 이어질 수 있었던 이유
| 언론의 역할 |

　학계에서 아무리 좋은 연구들이 쏟아져 나와도 실제로 정책을 만들고 집행하는 사람들이 이를 알지 못한다면 효율적인 정책으로 연결되지 않는다. 영국과 미국 정부는 어떻게 학계의 최신 연구들을 발빠르게 수용해 정책 결정에 반영할 수 있었을까? 미국의 경우 〈뉴욕타임스〉나 〈복스vox〉와 같은 언론이 학계의 최신 연구들을 상세히 다루면서 이러한 연구가 어떤 사회 문제와 연관되는지, 이 연구가 왜 중요한지를 대중이 이해할 만한 쉬운 글로 풀어낸다. 〈뉴욕타임스〉의 경우 '업샷Upshot' 이라는 코너를 통해 가장 최근의 경제학·정치학·사회학 분야의 연구들을 소개하고 있다.[11] 경제학자나 공공보건학자들도 필진으로 참여해 최근 각 분야에서 논쟁이 되고 있거나 주목받는 연구를 소개하고 이 연구가 다양한 사회 문제와 어떤 관련이 있는지를 설명한다.

　〈뉴욕타임스〉 기사에는 이미 발표된 학술논문의 정보가 기재되거나, 현재 진행 중인 연구논문 링크가 달리는 경우가 무척 흔하다. 전미 경제학회AEA나 전미 정치학회APSA에 〈뉴욕타임스〉〈월스트리트저널〉〈워싱턴포스트〉 등 주요 언론 매체의 담당 기자들이 참석해 학계의 동향을 진지하게 경청하고 진행 중인 연구들의 방향과 목적에 대해 공부하며 기사를 쓰는 모습도 쉽게 볼 수 있다. 다양한 언론사들이 상당한 수준의 전문성을 갖추고 학계의 연구 내용을 대중에게 알리는 데 힘쓰고 있어, 정부 정책 결정자들도 이를 쉽게 접하고 연구 성과를 반영한 정책을 세울 수 있다. 학술 담당 부서나 학술 관련 기사가 좀처럼 중요하게 다뤄지지 않는 우리 언론계의 현실과는 무척 다른 모습이다.

　미국 언론의 모습을 보면서 정부를 효율적으로 만드는 것이 비단 행정부 관료나 정치인들의 손에만 달린 것은 아니라는 생각을 하게 된다. 끊임없이 연구하고 사회가 당면한 복잡한 문제를 가장 정밀한 방법론을 통해 해결하고자 하는 학자들, 정치적 연줄이나 연구 예산 때문이 아니라 자신의 연구를 통해 실제 정책을 바꾸고 정부와 시민사회에 이바지하고 싶어 하는 학계의 문화, 그리고 이 학자들의 연구를 더 많은 사람이 접할 수 있도록 쉽고 명쾌하게 전달하려는 언론. 이 모두가 제자리에서 각자의 역할을 다하며 조화될 때 최상의 결과를 이끌어낼 수 있다.

국민이 똑똑한 정부 덕을 보는 나라
| 한국 정부가 나아가야 할 방향 |

　영국 정부와 미국 정부가 근거 중심주의라는 대원칙을 세우고 행동경제학 및 사회과학의 연구 성과를 적극적으로 정책에 반영했다는 사실은 한국 정부에도 많은 시사점을 던져준다. 한국 정부도 비영리 단체나 혁신적인 스타트업을 지원하고, 저출산 문제·저소득층 학생들의 교육 성취도 문제·청년실업 문제 등 여러 사회 문제를 해결하기 위해 다양한 정책을 펴고 있다. 하지만 정권이 바뀔 때마다 정책 기조가 쉽게 바뀐다는 것은 그만큼 현재 정책의 과학적 근거가 빈약하다는 뜻이

다. 수십 억, 수백 억의 예산이 들어가는 정책이 효과가 있는지, 효과가 없다면 그 원인은 무엇인지 체계적으로 살펴보는 과정도 없이 밀실에서 뚝딱 만들어지는 정책은 예산낭비일 뿐 아니라 국민에게 불편함만 가져다줄 수도 있다. 한국 정부도 미국 및 영국의 사례처럼 행동경제학의 원리를 적극적으로 수용해 똑똑한 정부로 거듭날 필요가 있다. 정부 정책이 국민의 삶에 미치는 파급력을 생각할 때, '똑똑한 정부'의 사회적·경제적 가치는 우리가 상상하는 그 이상이 될 것이다.

유혜영

서울대학교 외교학과를 졸업했고 2014년에 하버드 대학교에서 정치경제학 박사학위를 받았다. 2014년 8월부터 미국 밴더빌트 대학교에 조교수로 재직중이다. 연구 분야는 기업과 같은 사회의 이익집단이 선거자금이나 로비를 통해서 경제 정책과 규제에 미치는 영향, 외국 기업과 정부의 로비가 미국의 경제·안보 정책에 미치는 영향, 기업 지배 구조와 공적 연금 주주들 간의 관계, 선거와 정부 예산 배분 등이다. 또한 교육 불평등과 대학 교육 개혁에도 관심

이 많다. 2012년 7월 이효석, 송인근과 함께 의미 있는 외신 기사를 요약·번역해서 한국 독자들에게 제공하는 미디어 플랫폼 뉴스페퍼민트(newspeppermint.com)를 공동 창업했다.

사회적 기업

기업, 소셜벤처를 맞이하다

투자 파트너십에서 사업 파트너십으로

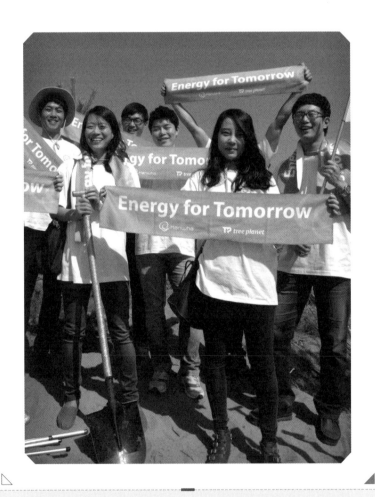

스마트폰 게임을 해서 실제로 나무를 심을 수 있다? 소셜벤처 트리플래닛이 개발한 동명의 게임 '트리플래닛'을 통해 진행되고 있는 일이다. 이 게임은 기본적으로는 무료지만, 게임 사용자들이 사용하는 아이템에 기업들의 광고가 포함되고 기업이 낸 광고비를 통해 조림비가 마련된다. 게임 사용자들이 게임 속에서 기른 묘목은 나무가 필요한 세계 곳곳에 실제로 보내진다. 이 나무들을 가지고 전세계의 정부기관이나 NGO 조림 파트너들이 건강한 숲을 조성한다.

이런 기발한 생각을 실현해내는 소셜벤처에 기업이 파트너가 되어준다면 어떨까? 트리플래닛과 한화가 중국 닝샤 자치구에 조성한 숲이 그 좋은 예다. 닝샤 자치구의 바이지탄 자연보호구는 사막화가 급속히 진행되고 있어 중국 정부에서 집중 관리하는 지역이다. 한화는 양묘장에 전력공급을 하는 태양광 발전설비를 기증했다. 그리고 트리플래닛과 협업하여 이 양묘장에서 자란 묘목으로 숲을 조성했다.

그동안 유수의 기업들은 기업의 사회적 책임(CSR: Corporate Social Responsibility)을 다하기 위한 방편으로, 소외계층 지원 등 수익의 일부를 사회에 환원하는 방식을 취해왔다. 최근 들어서는 사회에 공헌을 하는 동시에 소비시장을 만들어내는 공유가치 창출(CSV: Creating Shared Value) 경영이 주목받고 있는데, 공유가치를 창출하려는 기업들이 차별화된 아이템을 가지고 있는 소셜벤처들과 협업하게 된 것은 어찌 보면 자연스러운 일이다.

이 장에서는 소셜벤처가 어떻게 등장하게 되었는지, 국내에서 기업이 어떠한 방식으로 이들과 관계를 맺어오고 있으며 그 한계가 무엇인지, 그리고 그 협업 관계가 앞으로 어떻게 변화하게 될지 살펴볼 것이다.

기업, 착한 일에 주목하다

| 기업 사회공헌의 진화 |

기업이 이익의 일부를 사회에 환원하는 행위는 아주 오래 전부터 존재해왔지만, 사회공헌이라는 개념이 등장한 건 그리 오래되지 않았다. 특히 우리 사회에서 기업이 내부 전담 부서를 만들면서까지 사회공헌에 대해 진지하게 고민하기 시작한 것은 불과 10여 년 전의 일이다. 이 10년이라는 짧은 기간에, 기업 사회공헌의 양상은 매우 역동적으로 변화해왔다. 애초의 사회공헌은 단순히 '기부'를 의미했다. 하지만 지금은 누구나 '전략적 사회공헌'이라는 단어를 쉽게 사용하고, '착한 일'을 기업의 핵심 비즈니스 안에서 녹여내고자 하는 CSV_{Creating Shared Value}에 대해 이야기한다. 지금 우리가 '잘하는 사회공헌'이라고 이야기하는 것은 대개 여기에 속하는 사업들이다. 이들은 대부분 기업 비즈니스와 어떤 식으로든 연계되어 있다. 네이버나 다음은 포털 기업답게 '해피빈'이나 '희망해'와 같이 기부자들과 NGO를 연결하는 플랫폼을 만들었고, 현대자동차는 자동차 기업답게 장애인 이동이나 어린이 교통안전에 대한 캠페인을 전개해왔다. 또한 게임 개발 업체인 넥슨은 '넥슨컴퓨터박물관'을 설립하여 컴퓨터와 게임의 역사를 보존하고 자료를 수집한다.

이러한 사례들은 기업 내부에서 먼저 사업 방향이나 아이템을 정한 경우로, 이전까지 이러한 양상은 보기 드물었다. 그동안 기업은 자신의 위치에서 적극적으로 공헌할 방안을 모색하기보다는, 사회에서 요구하는 문제에 수동적으로 반응하는 것이 일반적이었다. 자연스럽게, 특정한 문제를 해결하기 위해 오랜 시간 노력해온 비정부단체NGO 등에서 사업을 제안해오면 이를 후원하는 형식을 띠었다. 그러나 이제 기업들은 사회에 공헌할 수 있는 사업을 자신이 원하는 방향대로 직접 기획하고 추진한다. 요즘 한창 뜨고 있는 개념인 CSV 역시, 사회공헌의 주도권을 기업이 더 많이 가져간 모델이다. 이른바 탑다운Top-Down의 시대이다.

전략적 사회공헌의 도입으로, 기업은 '잘할 수 있는 분야'의 사회문제 해결에 기여하고, 이를 통해 건강한 사회의 일원으로 인정받기를 원했다. 하지만 사회에서 성공적인 사회공헌 사례로 평가받는 사업의 숫자는 매우 적다. 대표 사례로 언급되는 유한킴벌리의 '우리강산 푸르게 푸르게'는 무려 30년이 넘은 캠페인이다. 물론 이 캠페인이 훌륭하기도 했지만, 달리 보면 이것 이후 우리 사회에서 성공적인 사회공헌으로 기억될 만한 사업이 드물었다는 의미이기도 하다. 기업은 노력을 쏟은 만큼의 효과를 보지 못하고 있다.

▲ '우리강산 푸르게 푸르게' 캠페인은 30년이 넘었지만 여전히 성공적인 사회공헌 사례로 언급된다.

이유가 무엇일까? 가장 먼저 꼽아볼 것은 치열해진 경쟁이다. 요즘에는 사회공헌을 하지 않는 기업을 오히려 찾기 어렵다. 이름이 조금 알려진 기업이라면 대부분 복수의 사회공헌 프로그램을 운영하며, 이중 상당 부분은 보도자료를 통해 기사화된다. 포털에서 '기업 사회공헌'을 검색해보면, 하루에도 십수 개 이상의 기사들이 새로 올라오는 것을 확인할 수 있다. 이제 사회공헌 프로그램을 운영한다고 해서 사회에서 무조건 관심을 가져주는 시대는 지났다. 기업 사회공헌에도 차별화가 필요해진 것이다. 하지만 기업들이 자신의 자원이나 비즈니스만을 활용해 차별점을 가시화하기란 매우 어렵다. 지속적인 관심을 확보하기 위해서는 하나의 커다란 틀 안에서도 다양한 시도를 해야 하는데, 눈에 띄는 사업모델을 계속 만들어내기란 쉽지 않다.

기업들과 파트너십을 맺어온 규모 있는 NGO 역시, 역설적으로 그 규모로 인해 실험적인 모델을 개발하기가 어렵다. 세상을 혁신한 사업모델들이 대기업보다는 작은 벤처나 스타트업에서 만들어져왔음을 생각해보면, 이러한 상황을 이해하기 어렵지 않을 것이다.

소셜벤처의 등장
| 무엇이 소셜벤처인가? |

이러한 상황에서 '소셜벤처'가 등장했다. 색다른 사업모델로 무장한 소셜벤처들은 기업들의 이목을 끌었다. 먼저 소셜벤처가 무엇인지 살펴보자. 이들은 수익보다는 사회적 가치에 우선순위를 두며, 긍정적 변화를 지속적으로 이끌어내기 위해 자체적인 수익모델을 만들어낸다. 즉 기부금으로 운영하며 전통적인 방식으로 소외계층을 돕는 대형 NGO나, 이익의 극대화를 목적으로 하는 일반 벤처기업과는 구분된다.

소셜벤처의 첫 번째 특징은 실험성이다. 소위 사회적 기업가 정신을 가진 소셜벤처의 창업자들은 기존에 없던 사업모델을 세상에 선보였다. 저소득층도 지원금 내에서 부담 없이 착용할 수 있는 가성비 좋은 보청기를 선보인 '딜라이트', 강연을 통해 청년들을 위로하고 독려하는 '마이크 임팩트', 선후배 관계가 점점 희미해지는 현대사회에서 소규모 모임을 통해 사람과 사람 사이를 이어주는 '위즈돔' 등이 그 대표적인 예이다. 장애인들을 커피원두 감별사로 고용하는 '커피지아'나 직원의 80퍼센트를 발달장애인으로 고용하여 인쇄·제본 작업 및 화환 제작을 하는 '베어베터' 등 고용중심형 사업 역시 여기에 포함된다.

두 번째 특징은 자립성이다. 기업과 파트너십을 맺거나 개인의 기부를 받아 움직이는 소셜벤처들도 있지만, 대부분의 소셜벤처들은 기본적으로 기업의 형태를 띠고 있으며 사업을 지속하기 위해 수익 창출을 꾀한다. 이것이 기존 '기부중심형' 모델과 가장 차이 나는 부분이다.

▲ 소셜벤처들은 사회적 가치에 우선순위를 두며 자체적인 수익모델로 사회적 가치를 극대화하고자 한다. 왼쪽 상단부터 시계방향으로 딜라이트, 마이크임팩트, 위즈돔, 커피지아, 베어베터의 로고.

딜라이트의 보청기를 사거나 마이크 임팩트의 강연을 들으려면 돈을 내야 하고, 위즈돔도 마찬가지이다. 커피지아나 베어베터 역시 제품의 판매를 통해 자립하는 것을 목표로 한다.

'그게 무슨 사회를 위한 사업이냐' 하는 비난을 듣기도 한다. '사회에 필요한 사업'이라는 개념이 직관적으로 와닿지 않는 탓이다. 확실히 소셜벤처들의 사업은 NGO가 하는 사업들, 예를 들면 저소득층을 위해 식사를 준비하거나 아프리카 어린이들을 위한 학교를 짓는 일보다는 '가벼운' 것처럼 보인다.

상황이 이렇다 보니, 소셜벤처들이 창출하는 사회적 가치를 정량적으로 평가하려는 움직임이 점점 활발해지고 있다. 미국의 'GIIN_{Global Impact} _{Investing Network}'이나 우리나라의 '임팩트 스퀘어' 등은 사회적 가치의 측정 및 평가 방식을 개발하고 확산하려 노력하고 있는 조직들이다. 아직 사회적 가치의 크기를 평가한다는 개념이나 이렇게 측정한 수치가 널리 인정받고 있지는 못하지만, 소셜벤처의 숫자와 전체 규모가 커지고 산업으로서 발전해간다면 이 부분 역시 많이 개선될 수 있다.

기업과 소셜벤처의 만남

| 투자와 육성의 파트너십 |

다시 기업의 사회공헌이라는 측면으로 돌아가보자. 소셜벤처들의 등장 이후 기업들은 이들과의 협업에 관심을 기울였다. 물론 소외계층

을 직접적으로 돕는, 전통적인 방식의 사회공헌 역시 여전히 필요하다. 국가의 복지정책과 개인의 기부나 봉사의 손길이 사회의 구석구석을 모두 보듬을 수는 없는 탓이다. 다만 앞에서 언급했듯이 시대가 달라진 만큼 사회에 공헌하는 방식 역시 다각화되어야 하며 이러한 다양성과 차별성이 사회공헌을 꾀하는 기업의 고민일 수밖에 없다.

이런 상황에서 소셜벤처들이 보유한 참신한 사업모델이 기업들의 눈길을 끈 것은 자연스러운 일이다. 최근 들어 사회공헌의 엑시트 플랜Exit Plan을[1] 고민하기 시작한 기업들에게 "첫 몇 년만 도와주면 그 다음부터는 자체 수익모델을 통해 우리가 알아서 굴러갈 수 있습니다"라고 말하는 이들의 주장은 솔깃할 수밖에 없다.

기업들은 기존과 다른 방식으로 소셜벤처와 파트너십을 맺기 시작했다. 지금까지는 NGO와 파트너십을 맺은 후 기업에게 맞는(혹은 기업의 비즈니스를 활용한) 사업을 기획하고 NGO로 하여금 그 사업을 추진하도록 후원하는 방식을 취해왔다. 그러나 소셜벤처와의 파트너십에서 초점이 되는 것은 '투자와 육성'이다. 예를 들어 현대자동차는 'H-on Dream' 프로그램을 통해 예비 소셜벤처 창업자들의 아이디어를 지원하며, LG는 'LG Social Fund'를 통해 소셜벤처에 투자한다. 사회적 기업 분야에서 전문성을 구축해오고 있는 SK그룹은 'KAIST 사회적 기업가 MBA' 과정을 통해 사회적 기업가들을 지원한다. SK행복나눔재단의 '세상 임팩트 투자 공모전' 역시 소셜벤처 지원사업의 일부로 진행되었다.

투자는 활발하게 이루어지지만, 기업이 소셜벤처의 비즈니스를 구매해 이를 기업 활동이나 사회공헌 사업에 활용하는 경우는 생각보다 많지 않다. 사회적 기업이나 소셜벤처의 설립부터 기업이 주도한 경우를 제외하면 더욱 한정된다. 한화그룹과 함께 나무심기 캠페인을 벌이고 있는 '트리플래닛'이나 현대자동차의 지원으로 서울과 수도권 지역에서 지역 대학생들과 다문화 학생들을 연결해주는 '점프'의 사례 정도가 눈에 띌 뿐이다.

투자와 육성에 시선이 쏠린 이유

│ 소셜벤처의 한계 │

왜 기업은 '투자 및 육성'에 집중하게 되었을까? 기업이 소셜벤처에 사업 파트너가 아닌 투자 파트너로 접근한 것은 같이 사업을 하기 어렵기 때문이다. 공동 사업 추진을 '안' 했다기보다는 '못' 했다고 보는 것이 맞다.

기업은 사회공헌 사업의 파트너를 찾을 때 (엑시트 플랜과는 별도로) 본능적으로 '오래 함께할 수 있는' 파트너를 찾는다. 기업 사회공헌 프로그램이 자리를 잡고 사회에서 인정받기 위해서는 적어도 몇 년 이상이 걸리기 때문이다. 하지만 대부분의 소셜벤처들은 작고 경험이 적다. 이미 기업들과 파트너십을 맺고 있는, 수십 년간 일관되게 사업을

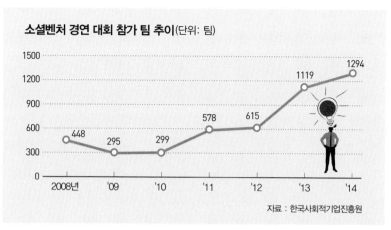

소셜벤처 경연 대회 참가 팀 추이(단위: 팀)

자료 : 한국사회적기업진흥원

▲ 앞서 소개한 딜라이트는 소셜벤처 경연대회가 배출한 기업이다. 표에서 보듯 이 대회에 참가하는 팀은 꾸준히 늘고 있다.

추진하면서 전문성을 축적해온 '월드비전'이나 'YMCA' 등 대형 NGO 와 차이가 날 수밖에 없다. 사업모델이 훌륭하고 창업자의 열정 역시 충분하다 하더라도, 기업 입장에서는 아직 창업 초기에 불과한 소셜벤처들과 10년 이상을 바라보아야 하는 파트너십을 덥석 맺기가 부담스러운 것이다. 기업으로서는 먼저 이들을 '오래 함께할 수 있는 검증된 소셜벤처'로 성장시키는 것이 우선일 수밖에 없다.

사회 시스템 부재로 기업의 투자 없이는 소셜벤처의 성장 자체가 무척 어렵기도 하다. 일반 벤처 업계와 비교해보면 소셜벤처의 성장 시스템은 상대적으로 더욱 부실해 보인다. 일반 벤처의 경우 많은 대학교에 창업 관련 강의가 개설되어 있고, 성공적인 창업을 도와주는 육성 프로그램도 다양하다. 투자 역시 적극적으로 이루어진다. 사업 초기의 엔젤투자, 단계별 스케일업을 위해 추진되는 시리즈 A·B·C 투자, 그리고 최종적인 상장을 위한 투자까지 어느 정도 정리된 로드맵이 있다. 투자할 만한 우수 벤처기업을 자발적으로 찾아다니는 자본이 존재하며, 이들의 도움으로 마지막 단계인 상장까지 성공한 기업도 많다.

그러나 소셜벤처의 경우, 육성은 물론 자금 유입 경로도 매우 제한적이다. '좋은 일'에 신경을 쓰다보니 일반 벤처보다 수익률도 낮을 수밖에 없다. 평균 이상의 수익률을 기대하기 어려운 소셜벤처 업계에 자금이 유입되려면, 이들의 소셜 임팩트를 하나의 결과물로 인정해주는 펀드가 나와야 한다. 1억을 투자했을 때 8,000만 원은 나중에 받고 2,000만 원은 소셜 임팩트로 갚는 모델 등이 그 예다. 이런 경우 투자자가 손해를 감수해야 하므로, 일반적인 투자 시장에서는 투자금 유치가 거의 불가능하다. 이것이 기업 사회공헌 자금과 같은 공익 목적의 자금이 소셜벤처 분야로 유입되어야 하는 절실한 이유이다.

소셜벤처 개념이 우리 사회에 처음 도입되었을 때부터, 이들은 사회공헌 사업의 파트너라기보다 투자 대상으로 지목되었다. 이는 소셜벤처와 뿌리를 함께하는 사회적 기업들이 국내에 등장했던 때를 생각해보면 이해하기 쉽다. 당시 사회적 기업은 '돈도 벌고 좋은 일도 하는' 사업체로 인식됐다. 사회적 기업가들 역시 외부의 도움 없이 경제적으로 자립 가능한 비즈니스 모델을 확립하는 것을 목표로 했고, 기업 역시 이들을 언젠가는 기업의 도움 없이 자생적으로 운영되어야 하는 조직으로 생각했다. 여기서 이 '도움'이라는 단어가 너무 좁게 해석된 감이 있다.

기업이 NGO와 함께 소외계층을 도울 때를 생각해보자. 비즈니스적으로만 바라본다면 기업은 NGO에게 비용을 주고, 사회공헌 사업의 대행을 요청한다. 기업이 광고대행사나 디자인 회사에 외주를 줄 때와 기본적인 프로세스는 같다. 그럼에도 이를 기업의 기부 혹은 도움이라고 부른다. 이러한 방식에 길들어 있던 대부분의 기업들은 '기업의 도움 없이 자생해야 하는' 사회적 기업들과 비즈니스 파트너가 되어 함께 사업을 하겠다는 생각을 하지 못했다. 기업들은 함께 사업을 하는 대신 마케팅이나 사업계획서 작성 등을 돕거나, 사업 초기 운영자금을 투자하는 것에 집중했다. 그리고 기업이 소셜벤처를 대하는 방식은 사회적 기업을 대하는 방식에서 변화하지 않은 채로 이어졌다고 볼 수 있다.

미래의 기업과 소셜벤처의 관계는?
| 투자 파트너십에서 사업 파트너십으로 |

앞으로 기업은 소셜벤처들을 사회공헌 사업의 파트너로 더욱 진지하게 고려하게 될 것이다. 편의상 기업이 소셜벤처를 투자 대상으로 바라보는 것을 투자 파트너십, 사회공헌 사업의 공동 추진 대상으로 생각하는 것을 사업 파트너십이라고 부르기로 하자. 앞에서 우리가 살펴본 것처럼 지금까지는 투자 파트너십이 주를 이루었다. 소셜벤처에 대한 투자가 하나의 트렌드로 자리 잡은 만큼, 향후 몇 년간은 투자 붐이 이어질 것이다. 하지만 기업이 소셜벤처에 투자해온 결과를 열어보고 평가할 시기가 되면 투자 일변도의 파트너십은 다른 국면을 맞이할 확률이 높다.

지금까지의 투자 파트너십은 소셜벤처 활성화에 큰 기여를 했다. 적어도 기업들이 주최한 공모전 덕에 많은 젊은이들이 소셜벤처에 대해 관심을 가지게 되었고, 일부는 실제 창업으로 이어졌다. 그리고 이들은 사회에 대한 열정과 비즈니스 능력을 겸비한 사회적 기업가로 거듭날 수 있는 다양한 교육기회를 사업자금과 함께 제공받았다. 기업의 투자를 통해 규모를 키우는 데 성공한 사례도 많다. 그러나 이것으로 소셜벤처들이 충분히 성장할 수 있을지를 묻는다면, 답변은 부정적이다. 물론 소셜벤처 쪽으로 풍족한 수준의 사회공헌 자금이 몰린다면 투자 파트너십만으로도 가능할 수 있다. 그러나 그러한 일이 일어날 가능성은 극히 낮다. 투자가 활성화되기 위해서는 낮은 수익률을 대체할 높은 사회적 가치가 필요한데, 높은 사회적 가치를 지녔음을 제시하려면 사회적 가치를 정량적으로 평가할 기준을 마련해야 한다. 앞에서도 언급했듯이 인정받는 평가 시스템을 단기간에 갖추기는 어렵다.

　이렇게 되면 소셜벤처가 늘어나는 속도를 기업의 투자 속도가 따라가지 못하게 된다. 대부분의 소셜벤처가 사실상 적자를 기록하고 있는 상황이기 때문에 기존 기업들의 지속적인 투자가 필요하지만, 추가적인 투자 유치에 어려움을 겪을 것이다. 시장 상황 역시 쉽게 개선될 듯 보이지 않는다. 잠재적 구매자인 사회구성원들의 윤리적 소비 성향이 단기간에 바뀌기는 어렵기 때문이다. 소셜벤처들은 기존의 기업으로부터 받아온 투자 및 지원에 더해 새로운 성장 동력이 필요해질 것이다.

　결국은 사업 파트너십의 중요성이 부각될 수밖에 없다. 그동안 기업은 소셜벤처의 투자자를 자처함으로써 차별화된 사회공헌 포트폴리오를 확보하려 했다. 그러나 이제는 성공적인 사회공헌 포트폴리오를 위해 투자자의 역할뿐 아니라 구매자의 역할까지 해야 함을 알게 될 것이다.

구매의 시작은 사회공헌 예산에서부터 시작될 것이다. 사내에서 사용하는 종이컵·현수막·인쇄물 등 기업 경쟁력에 별다른 영향을 미치지 않는 영역에서라면 소셜벤처 제품을 구매하는 것이 가능하지만, 구매팀이나 총무팀의 적극적인 협조를 얻기는 쉽지 않을 것이다. 이들 부서의 역할은 이익 극대화를 위해 가성비가 제일 높은 것을 선택하는 것이기 때문이다. 그래서 기업이 소모성 자재를 구매할 때, 소셜벤처 제품에 관심을 가지게 된 것은 비교적 최근의 일이다.

이미 소셜벤처 지원의 중요성을 알고 있는 사회공헌 부서 내의 예산은 상대적으로 활용하기가 수월하다. 예를 들어 직원들이나 고객, 혹은 대학생들과 함께 해외자원봉사를 나갈 때 소셜벤처들이 개발한 제품이나 국제개발 프로그램들을 활용해볼 수 있다. 청소년 분야도 마찬가지이다. 진로교육을 키워드로 사회공헌을 기획하는 기업들은 '모티브하우스' '유스바람개비' 등 재미있는 청소년 진로교육 모델을 개발한 소셜벤처들과 함께 사업을 구상해볼 수 있다.

일반 소비자들을 대상으로 하는 소셜벤처들과도 함께할 수 있다. 소셜벤처의 제품이 빵·비누·도시락 등 일반적인 제품이라면, 기업은 소외계층에 지원되는 물품들을 이러한 제품으로 대체할 수 있다. 만약 청년들에게 안정적인 주거를 지원하는 'WOOZOO'나 다문화 이주 여성들에게 일자리를 제공하는 레스토랑 '오요리아시아' 등 사업 확장이 지점의 형태로 이뤄지는 소셜벤처라면, 'WOOZOO by 삼성'이나 '오요리아시아 by SK'처럼 새로운 지점의 확장을 함께 기획하고 초기 투자비용과 운영비를 지원하는 것도 방법이다. 지금은 일부 기업을 중심으로 소규모로 진행되는 이런 방식들이, 이제는 점점 하나의 트렌드로 자리를 잡아나갈 것이다.

소셜벤처는 사업 파트너십에 어떻게 대응해야 할까?

| 소셜벤처가 준비해야 할 일 |

소셜벤처는 다가오는 '사업 파트너십'에 대해 어떻게 대응하고 있어야 할까. 우선 고려할 것은 사업의 유연화다. 기업이 사업 파트너로서 접근한다면, 대부분의 기업들은 기존 소셜벤처들의 사업모델을 자신에 맞춰주길 바랄 것이다. 이 과정을 부드럽게 통과하기 위해서는 애초에 모델을 설계할 때부터 이를 염두에 두는 것이 유리하다. 예를 들어 진로교육 프로그램을 제공하는 소셜벤처라면, 세 시간의 교육과정 중 30분은 후원 기업의 현장 전문가들과 함께하는 '주목할 만한 직업' 시간으로 배정하여 기업의 요구를 반영할 준비를 할 수 있다.

이보다 더 중요한 부분은 포트폴리오이다. 앞서 이야기했듯, 기업에서 군이 소셜벤처를 찾는 것은 '차별화' 때문이다. 따라서 이미 다른 기업들과 군은 사업 파트너십을 맺고 있는 소셜벤처는 사업 파트너 후보에서 제외될 가능성이 있다. 비즈니스 영역이 다르더라도 대기업 간의 경쟁의식이 있는 우리 사회에서는 예상할 수 있는 상황이다. 사업이 한곳에 지나치게 치우쳐 기업과의 협력관계가 파트너십을 넘어 종속된 이미지를 주게 되면, 이는 향후에 소셜벤처에 부정적으로 작용할 수 있다는 것도 염두에 두어야 한다.

이를 방지하기 위해서는 사업이나 프로젝트를 여러 개로 나누고 소셜벤처 자체의 브랜딩은 자제하되 각 사업별 브랜드를 강화하는 방법도 고려해봄 직하다. 브랜드별로 각각 다른 기업들과 사업을 추진하는 것이다. 이렇게 되면 소셜벤처 자체는 중립적으로 인식되고, 각 브랜드와 기업들이 매칭됨으로써 문제가 조금이나마 해소될 수 있다.

이보인

연세대학교 재학시절 광고회사 IS Media 창업 후, SK텔레콤 BMI(Business Model Innovation) 팀을 거쳐 SK행복나눔재단에서 'SK행복도시락' 사업 활성화 프로젝트를 맡아 진행했으며, SK그룹의 사회적 기업 지원방안을 수립했다. 하버드 케네디 스쿨에서 기업과 정부 정책을 공부했으며, 현재는 넥슨 지주회사인 NXC에서 '넥슨컴퓨터박물관', 'Neo-Jeju' 등 재미있는 프로젝트들을 만들고 있다. 또한 사회적 기업 점프의 공동설립자이자 이사이기도 하다.

저서로는 《기업은 저절로 착해지지 않는다》와 《착한 기업 콤플렉스》가 있다.

교육

21세기 교육의 혁명적 전환, 무크

왜 무크를 주목해야 하는가?

"원한다면 컴퓨터 수업은 미국 스탠퍼드 대학교에서, 문학 수업은 영국 에든버러 대학교에서 자유롭게 수강할 수 있을 것이다."

라파엘 리프Rafael Reif MIT 총장의 말이다. 무크MOOC의 등장으로 전세계 어느 지역에서나 학생들이 최고 수준의 대학 강의를 듣고, 학위를 받을 수 있게 되리라는 예견이다. 이뿐 아니다. 무크 시장을 이끌고 있는 서비스 중 하나인 에드엑스의 CEO 아난트 아가왈은 "고등교육의 대중화가 이루어지고 양질의 평생 교육을 받을 수 있는 시대가 열리고 있다"고 주장하기도 했다.

이들은 무크가 기존 교육의 대전환을 이끄는 혁신적인 사건이 될 것이라고 힘주어 이야기한다. 그렇다면 대체 무크란 무엇일까? 무크는 IT를 기반으로 한 쌍방향 온라인 공개 강좌로, 인터넷을 통해 세계적인 명강의를 들을 수 있다는 명확하고 뛰어난 특성을 갖췄다. 그뿐

아니라 장소에 구애받지 않는 편의성, 함께 논의하고 피드백을 주고받는 쌍방향성, 저렴한 수업료, 수업을 이수한 뒤 수료증을 받음으로써 얻는 만족감 등 다양한 장점을 지녔다.

한국에서도 무크 열풍이 감지된다. 카이스트 이태억 교수가 주도하는 '에듀케이션3.0', 숙명여대 김형률 교수가 주도하는 '디지털 휴마니티즈 센터' 등 몇몇 대학교에서 무크를 상용화하고 있다. 또 2015년 10월에는 국가평생교육진흥원의 한국형 무크 공동플랫폼이 출범했다.

무크는 〈뉴욕타임스〉가 2012년을 '무크의 해'로 소개하면서 이미 몇 년 전에 세계의 주목을 받았지만, 한국에는 무크의 정의와 세계적인 현황, 그리고 어떻게 공부할 것인가에 대한 가이드가 없는 상황이다. 이번 장에서는 무크의 흐름과 미국의 3대 무크 서비스에 대해 살펴보고, 2015년 본격화할 한국형 무크인 '케이무크'의 가능성을 짚어볼 것이다.

두 소년은 어떻게 MIT대학에 합격했을까?

| 미국에 가본 적 없는 MIT 합격자들 |

인도의 자발푸르라는 도시에 사는 열일곱 살 소년과 울란바토르에서 성장한 몽골 소년. 전혀 접점이 없어 보이는 두 소년에게, 공통점이 하나 있다. 두 사람 모두 미국에 가본 적도 없지만 MIT에 합격했다는 것.

인도 소년의 이름은 아몰 바베이Amol Bhave. MIT가 온라인상에 개설한 회로이론과 전자공학 강좌에서 97점이라는 높은 점수를 얻었다. 그는 여기서 그치지 않고 이 공개강좌를 들은 사람들을 위한 후속 과정인 토론 포럼을 만들었다. 이 과정을 지켜본 에드엑스edX의 설립자 아난트 아가왈Anant Agarwal 교수는 MIT 입학을 위한 추천서를 써주었다.

몽골 소년의 이름은 바투시 미안간바야Battushig Myanganbayar이다. 그는 열다섯 살 때 미국 MIT의 공학강좌를 인터넷으로 수강해 만점을 받았다. 이 수업을 인터넷으로 수강한 학생은 약 15만 명에 달했으나, 만점을 받은 학생은 단 340명뿐이었다. 바투시는 이 성적을 바탕으로 MIT에 지원했고 입학허가를 받았다.

▲ 인도의 아몰 바베이와 몽골의 바투시 미안간바야. 두 소년은 무크를 통해 MIT에 합격했다.

"15년 안에 미국 대학의 절반이 사라질 것이다"
| 전세계적 흐름이 된 무크 |

그들은 무크 덕분에 미국에 가지 않고도 MIT에 합격할 수 있었던 것이다. 무크란 'Massive Open Online Cource'의 첫 글자를 따서 만든 단어로, 대규모의 온라인 공개 강좌를 말한다. 아직 규모와 방법에 대한 공통의 정의가 없어 서비스 제공자 및 지역에 따라 그 양상은 조금씩 차이를 보이고 있으나, 수강 인원 제한 없이 누구나 무료로 세계 석학의 강의를 들을 수 있는 온라인 서비스라고 생각하면 된다. 2015년 기준으로 무크에 강의를 제공하는 미국 내 대학은 400여 개이며, 하반기까지 등록될 강의 수는 2,400개에 이를 것으로 예측된다.

《혁신기업의 딜레마》의 저자이자 파괴적 혁신 이론으로 유명한 클레이튼 크리스텐슨Clayton Christensen 하버드 대학교 경영대학원 교수는 "교육의 질이 높고 가격이 저렴한 무크로 인해 교육 시스템이 완전히 바뀔 것"이라고 주장하면서 "15년 내에 미국 대학의 50퍼센트가 사라질 수 있다"고 말했다.

미국뿐만이 아니다. 무크는 이미 전세계적으로 교육의 지형을 바꾸어가고 있는 거대한 움직임이다. 무크는 유럽은 물론이고 포르투갈어와 스페인어를 사용하는 남미로까지 확대되고 있다. 일본에서는 2013년 제이무크가 출범했고, 중국은 북경대와 칭화대를 중심으로 아시아 무크 개발의 선두를 달리고 있다.

무크는 어떻게 성장했는가?

| 참여와 개방을 특성으로 한 교육 서비스 |

여기서 잠시 무크의 성장 과정을 살펴보자. 무크라는 개념과 단어는 2008년에 만들어졌다. 캐나다 매니토바 대학교의 스티븐 다운즈 Stephen Downes 교수와 조지 시멘스George Siemens 교수가 학생들을 위해 만든 '연결주의와 공유지식Connectivism and Connective Knowledge' 수업이 무크의 시작이다. 이 때의 무크는 지금 우리가 접할 수 있는 온라인 강의와는 달랐으며, 참여자가 직접 콘텐츠를 제작하고 공유할 수 있는 '위키Wiki'적 특징을 강조한 형태였다. 현재의 무크는 2011년 스탠퍼드 대학교에서 공개한 온라인 강의를 계기로 주목받기 시작했다. 스탠퍼드 대학교는 강의 세 개를 온라인 버전으로 만들어 일반인에게 공개했는데, 이 강의를 무려 190여 개국에서 160만 명 이상이 수강한 것이다. 이후 이 실험에 참여한 두 명의 교수는 다른 동료들과 함께 세계적인 무크 사이트인 유다시티Udacity와 코세라Coursera를 설립했다. 우리가 무크에 대해 알게 된 것은 이 무렵이며, 〈뉴욕타임스〉가 2012년을 '무크의 해'로 소개하면서 본격적으로 조명되기 시작했다.

'참여와 개방'을 표방하는 무크는 크게 세 가지 특성을 지니고 있다. 첫째, 비용이 없어 누구에게나 열려 있다. 인터넷으로 간단한 가입절차만 밟으면 수천 개의 강의를 들을 수 있는 것이다. 둘째, 학점을 위한 강의가 아니다. 무크는 학비를 내고 수강하는 대학의 온라인 강의와는 성격이 다르다. 이는 학점·크레딧과 상관없이 지식 향상, 교육 기회 확

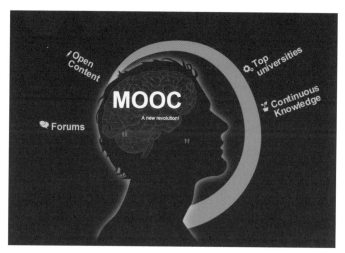

▲ 참여와 개방을 표방하는 무크는 누구에게나 열려 있으며 학점을 위한 강의가 아니라는 특성을 지니고 있다. 또한 불특정 다수의 수강생을 대상으로 한다.

대, 교육의 접근성 증대 등을 위한 사회적 서비스이다. 셋째, 수강생이 불특정 다수이다. 대학 내에서는 수업이 200명 내외의 규모로 이루어지지만 무크는 수강생 수의 제한이 없다. 또한 인터넷만 연결되어 있으면 누구나 들을 수 있기 때문에 국가 및 지역의 제한도 없다.

세 가지 가운데 첫 번째와 두 번째 특성은 점차 다른 방향으로 확대되어가고 있다. 교육산업에서 이미 주목받는 서비스가 되었기 때문에 제공자들이 유료화를 고려하거나 이미 실행하고 있고, 중국의 경우는 학점을 얻을 수 있는 방법을 고민하고 실행하기 시작했다. 이처럼 무크는 IT기술 및 제공자의 철학에 따라 특성들이 변화하고 있는, 과도기이자 변곡점에 놓인 산업이라 할 수 있다. 칸 아카데미Khan Academy의 경우 무크의 형태를 취하고 있고 일부 사람들은 무크라고 생각하지만 정작 창업자인 살만 칸Salman Khan은 이 아카데미가 무크가 아니라고 이야기하는 등 아직은 개념 자체가 명확히 규정되어 있지 않은 상황이다.

중요한 것은 '참여와 개방'을 무기로 무크가 기존의 교육환경을 무서운 속도로 변화시키고 있다는 것이다. 변화의 예를 몇 가지 들어보자. 첫째, 교육의 범위를 전세계로 확장하고 있다. 장소에 상관없이 인터넷 접속만 할 수 있으면 자신이 좋아하는 교수와 과목을 선택해 실시간으로 수강할 수 있다는 무크의 특성으로 인해, 진정한 의미의 글로벌 교육이 가능해졌다. 둘째, 교육 방식이 수요자 중심으로 전환되고 있다. 기존의 교육방식이 지식을 일방적으로 전달하는 공급자 중심이었다면, 무크는 실시간으로 상호작용을 하며 강의에 대한 피드백을 주고받을 수 있다. 수강생이 교수들이나 다른 학생들에게 질문을 던질 수 있는 것이다. 또한 온라인 화상 통화 서비스를 이용해 토론을 진행하는 강좌도 다수 존재한다. 셋째, 교육불평등의 문제를 다소 해소하고 있다. 무료로 하버드 대학교 등 세계적인 명문대의 수준 높은 강의를 들을 수 있다는 것은, 북미나 유럽에 거주하지도 않고 해당 대학에 진학할 수도 없으며 충분한 교육 기회를 누릴 수도 없는 이들에게는 엄청난 메리트다. 최신의 지식과 정보에 접근할 기회를 차단하는 경제적·지역적 장벽을 허무는 데 무크가 상당히 기여하고 있는 것이다. 끝으로, 평생교육 시장을 확대하고 있다. 현업에 종사하는 직장인들이 자신의 직업과 관련된 수업을 듣는다든지, 평소 관심을 가졌던 교양과목을 수강하는 등 무크는 대학 교육을 넘어 평생 공부의 길을 열고 있다. 실제로 미국의 캘리포니아와 일부 주에서는 무크 학점이 대학 입시 및 채용 시장에서 인정되기도 한다.

시장을 움직이는 3대 무크

| 에드엑스, 코세라, 유다시티 |

현재 무크 시장을 이끌고 있는 서비스는 하버드 대학교와 MIT의 합작인 에드엑스, 스탠퍼드 대학교의 앤드류 응Andrew Ng과 다프네 콜러Daphne Koller가 만든 코세라, 스탠퍼드 대학교 교수이면서 구글X 연구소 소장이었던 세바스찬 스런Sebastian Thrun이 만든 유다시티이다. 미국의 서비스 외에도 영국의 퓨처런FutureLearn, 호주의 오픈투스터디Open2Study, 독일의 아이버시티iversity 등이 있다. 모든 무크 서비스가 미국의 3대 서비스를 벤치마킹하는 상황이기 때문에 미국의 무크를 자세하게 살펴보면서 앞날을 전망할 필요가 있다.

▲ 에드엑스, 유다시티, 코세라의 로고. 이들이 미국의 3대 무크 서비스이다.

에드엑스

| 강의실 수업의 질을 높여주다 |

에드엑스는 세 개의 거대 무크 서비스 가운데 제일 늦게 시작됐다. 그럼에도 가장 먼저 소개하는 이유는 비영리 기관이며, 대학 온라인 강좌와 비슷한 형태를 취하고 있기 때문이다. 2014년에 하버드 대학교와 MIT는 무크 플랫폼을 개발하기 위해 3,000만 달러를 각각 출자하여 4월에 에드엑스를 설립했다. 설립자이자 MIT의 교수인 아난트 아가왈은 에드엑스의 목적을 세 가지로 강조했다. 즉 모두를 위한 교육에 더 많은 사람이 접근할 수 있게 하고, 캠퍼스와 온라인상에서 이루어지는 가르침과 배움을 향상시키며, 리서치를 통해 교육을 발전시킨다는 것이 에드엑스의 목적이다.[1] 여기서도 알 수 있듯, 에드엑스는 기존 강의실 수업의 대체재가 아닌 수업의 보완재로서의 무크를 지향한다.

에드엑스의 파트너는 크게 두 가지로 나뉜다. 하나는 'X 컨소시엄'이다. 이는 대학으로만 구성되어 있고, 콘텐츠를 제공하고 사용하는 것 외에 학습과 관련한 리서치에 참여하는 파트너이다. 다른 하나는 대학 이외의 기관으로 구성된 에드엑스 멤버edX Member이며, 국제통화기금IMF과 마이크로소프트사 등이 포함되어 있다. 에드엑스는 학교 수업의 보완재로서 학생의 발전에 도움이 될 수 있는 기관을 파트너로 신중히 선택한다. 2015년 9월 현재 한국의 서울대학교를 포함하여 41개의 대학(X 컨소시엄)과 49개의 기관(에드엑스 멤버)이 참여하고 있다.

미국의 대학교들은 캠퍼스라는 범위 안에서 매우 큰 자주권을 행사

▲ 에드엑스의 설립자 아난트 아가왈 교수는 모두를 위한 교육에 더 많은 사람이 접근할 수 있게 하고, 캠퍼스와 온라인상에서 이루어지는 가르침과 배움을 향상시키며, 리서치를 통해 교육을 발전시킨다는 에드엑스의 목적을 강조한다.

하며, 대학교 로고가 인쇄된 각종 기념품에서 볼 수 있듯이 브랜드를 매우 중요하게 생각한다. 에드엑스는 각 기관의 강의와 콘텐츠에 해당 기관의 이름을 사용하게 한다. 예를 들어 에드엑스에서 컴퓨터 공학을 검색하면 '파이썬을 활용한 컴퓨터 공학 및 프로그래밍Introduction to Computer Science and Programming Using Python'이라는 강의명 위에 'MITx, 6.00.1x'라고 대학 이름과 과목 코드가 표시된다. 학생들은 이 수업이 어느 대학 또는 어느 기관의 강의인지 식별할 수 있고, 대학은 강의가 유명해질 경우 대학의 브랜드 가치가 상승하는 효과를 거둘 수 있다.

에드엑스가 기존 무크와 다른 점들은 두 가지이다. 하나는 대학 강의를 녹화하여 제공하는 과목이 존재한다는 것이다. 일반적으로 무크 서비스는 강좌를 온라인에 맞게 디자인하고 제작한다. 짧은 동영상과 퀴즈로 구성되어 있고, 학생 개개인에 맞추어 진행되는 것이다. 그런데 에드엑스에는 실제 강의를 녹화해서 제공하는 수업도 있다. 이런 수업의 경우 동영상이 길고 개인화가 안 되어 있어 집중하기 쉽지 않다는 단점이 있다. 하지만 세계 유명 대학교의 저명한 교수 혹은 유명 강의를 실제로, 현장감 있게 접할 수 있다는 장점이 크다. 다른 특징은 플랫폼 소스코드를 모든 일반인에게 공개한다는 것이다. 학습관리시스템이 오픈소스 소프트웨어이기 때문에 누구나 사용할 수 있고 수정할 수 있다. 소스를 오픈하여 개발자의 자발적 참여를 유도하고 다른 사용자가 교육 콘텐츠를 만들어 제공할 수 있도록 한 것이다. 2015년 10월에 런칭된 한국의 케이무크K-MOOC 사업도 이 오픈소스 플랫폼을 사용한다.

유다시티

| 고등교육의 확산을 지향하다 |

2011년 스탠퍼드 대학교는 기계학습Machine Learning, 데이터베이스Database, 인공지능Artficial Intelligence 강의를 온라인상에 공개했다. 앞서 말한 것처럼 무크가 전세계적으로 주목받기 시작한 것은 이 강의가 많은 이들에게 호응을 얻으면서 부터였다. 이 실험에 참여했던 세바스찬 스런 교수는 스탠퍼드 대학교의 종신 교수직을 포기하고 그 이듬해에 유다시티를

▲ 유다시티의 설립자 세바스찬 스런 교수는 접근 가능하고, 감당할 수 있고, 매력적이고, 매우 효율적인 고등교육을 제공한다는 강령을 세우고 고등교육을 대중적으로 확산하려고 한다.

설립했다. 세 개의 메이저 무크 가운데 가장 먼저 시작된 서비스이다.

그는 고등교육을 대중적으로 확산하는 데 중점을 두고, "접근 가능하고, 감당할 수 있고, 매력적이고, 매우 효율적인 고등교육"을 제공한다는 강령을 세웠다.[2] 그는 고등교육은 인간의 기본권 중 하나이며 교육은 학교에서 그치지 않고 일생 동안 이루어져야 한다고 강조한다. 이러한 철학에 따라 유다시티는 에드엑스나 코세라와는 다른 대중화의 길을 가고 있다. 유다시티는 대학 등 외부의 기관으로부터 콘텐츠를 조달받는 것이 아니라 100퍼센트 자체적으로 콘텐츠를 생산한다. 회사가 강사를 섭외하고, 교육하고, 콘텐츠를 제작한다. 강사진은 주로 대학교수 또는 특정 산업의 지식 및 노하우를 보유한 전문가로 구성된다. 자체적으로 콘텐츠를 제작하기 때문에 회사 직원과 강사가 함께 팀을 만들어 코스를 기획하고 완성한다.

유다시티는 고등교육의 테두리 바깥에 있는 사람들에게 더더욱 집중했다. 뜻하지 않은 이유로 고등교육을 받지 못한 경우, 경력 단절로 인해 재교육이 필요한 경우 등 교육이 더 필요한 사람들을 위해 대학교 크레딧을 제공해주는 서비스도 시작했다. 산호세 주립대학교San Jose State University와 파트너십을 맺어, 대학교 크레딧을 받을 수 있는 수업을 보다 많은 사람들에게 상대적으로 낮은 비용에 제공하고 있다. 이 크레딧은 캘리포니아 주립대학교California State Universtiy와 캘리포니아 대학교University of California 시스템에서도 사용할 수 있고, 학점으로도 인정받을 수 있다. 2013년에는 업계 최초로 무크를 통해 석사학위를 취득할 수 있도록 조지아 공과대학교Georgia Institute of Technology와 파트너십을 맺었다.

강령에서도 드러나듯이 유다시티는 고등교육을 대중화하는 데서 그치지 않고, 이를 보다 효율적으로 제공하는 방법에도 노력을 기울이고 있다. 학기로 구분하는 전통적인 방식을 따르지 않고, 추천 수 또는 수강 수에 따라 인기 강의를 수시로 제공한다. 어느 기간에 몇 번만 특정 강의를 제공하는 다른 서비스와는 다른 접근이다.

무엇보다 유다시티의 강의는 매우 재미있다. 유튜브 영상을 보는 것처럼, 온라인으로 강의를 듣는 학생을 염두에 두고 적극적으로 콘텐츠를 개발했다는 느낌이 든다. 짧은 동영상을 보면서 순간 문제를 풀어야 하고, 강사도 강의라기보다는 연극에 가깝게 내용을 전달한다. 기존의 강의를 도와주는 도구로서 개설된 온라인 강의가 아니라, 그 자체로 완결된 강의이다. 강의에서는 실제 삶과 밀접한 자료를 활용하는 경우가 많다. 예를 들어 빅데이터 관련 수업에서는 미국의 지하철 이용 자료를 활용해 강의를 하고 과제를 낸다. 무크는 일반적으로 매우 낮은 완료율을 가진다. 여러 가지 이유에서 수강신청한 강의를 끝까지 완료하지 못하는 경우가 많은 것이다. 그러나 유다시티는 학생의 완료율을 매우 중요하

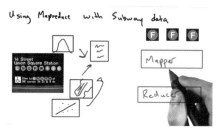

▲ 유다시티는 실제 삶과 밀접한 자료를 강의에 활용하는 등. 온라인으로 강의를 듣는 학생을 염두에 두고 콘텐츠를 개발했다는 인상을 준다.

게 생각한다. 컴퓨터 앞에 앉아 있는 학생이 혼자가 아니라 누군가에게 도움을 받고 같이 수업한다는 느낌을 주기 위해 코스를 완료할 때까지 24시간 학생을 지원하는 멘토를 고용한다.

유다시티는 초기에 모든 분야의 강의를 제공하려고 하였다. 하지만 지금은 기술산업 분야의 커리어를 가지려고 하는 학생을 위한 콘텐츠에 집중하고 있다. 에드엑스와는 달리 투자를 받아 설립된 영리회사이므로 이익이 창출될 수 있는 곳에 자원을 집중하는 것인데, 단순히 콘텐츠를 제공하는 서비스에서 그치지 않고 적극적으로 구인 및 구직에 도움을 준다. 유료 인증 서비스를 제공하고, 여러 기관과 파트너십을 맺어 학점과 학위를 인정받을 수 있게 하며, 채용시 수수료를 받고 관련 회사와 학생들을 연결해주는 것이다. 유다시티는 기업 입장에서도 우수한 인재를 제공받을 수 있는 훌륭한 창구다. 유다시티 웹사이트를 살펴보면 기업들의 참여도가 매우 높다는 사실을 알 수 있는데, 많은 강의 코스들이 우리에게 익숙한 회사와 함께 만들어졌다. 유다시티는 각 기업에 필요한 역량을 강의에 반영하고, 해당 강의를 우수하게 수료한 학생을 기업에 소개한다.

코세라

| 무크의 거인 |

한편 코세라는 가장 크고 빠르게 성장하는 회사다. 2012년 4월 설립 후, 6개월 만에 100개 이상의 코스를 서비스했고 한 해에 100개가 넘는 파트너십을 맺었다. 2015년 9월 현재 127개의 파트너와 함께 1,340개의 코스를 제공하고 있다. 코세라의 두 가지 목표 중 첫 번째는 '세계 최고의 교육'이다.[3] 이를 달성하기 위해 세계의 유명 대학과 파트너십을 맺었다. 한국의 연세대학교와 카이스트도 코세라의 파트너다. 두 번째는 '광범위한 접근'이다. 코세라는 무크 플랫폼을 이용해 누가 어디서든 세계 최고의 교육 콘텐츠에 접근할 수 있게 했다. 접근성을 중요시하는 방침에 맞게, 모바일 앱을 가장 먼저 준비했다.

코세라에게 가장 중요한 것은 학생이다. 코세라는 학생들에게 완벽히 개인화된 컨텐츠를 제공하려 하는데, 특히 '마스터리 러닝Mastery Learning'이라는 개념을 눈여겨볼 필요가 있다. 강의 중간에 임의적으로 학생의 지식 또는 스킬에 대해 평가하고 부족하다고 판단되는 부분을 재학습하도록 하기 때문에, 학생들은 반복을 통해 자신이 모르는 부분을 완전히 이해할 수 있다. 즉각적인 피드백과 모듈화된 강의가 개인에 맞는 반복학습을 가능하게 한다. 또 눈여겨볼 것은, 학생들끼리 과제를 평가하도록 한다는 점이다. 객관식의 경우 컴퓨터가 즉각 옳고 그름을 판단해 피드백을 줄 수 있지만, 주관식 답변의 경우 즉각적인 피드백이 불가능하다. 코세라는 학생들끼리 과제를 평가하게 함으로써 피드백에

▲ 코세라는 앤드류 응과 다프네 콜러 교수가 공동 설립했다. 이들은 세계 최초의 교육과 광범위한 접근이라는 두 가지 목표를 바탕으로 서비스를 제공한다.

소요되는 시간을 줄였다. 다만 훈련받지 않은 사람에 의한 평가는 신뢰성이 떨어진다는 문제가 있는데, 평가방법을 표준화하여 신뢰성 문제도 상당 부분 해소했다.

　코세라는 에드엑스처럼 기존 교육의 대체재라기보다는 보완재로 활용되는 것을 염두에 두고 콘텐츠를 디자인했다. 하지만 기존 교육의 대체제로 사용하려는 학생을 완전히 배제하지는 않았다. 그래서 많은 옵션을 제공하는데, '시그니처 트랙Signature Track'이라고 불리는 인증제가 한 가지 예이다. 학생이 수료한 코스에 대해 적은 비용으로 전자인증을 획득할 수 있게 한 것이다. 더불어 등록금 대출과 장학금 제도 등 자금지원 서비스도 함께 운영하고 있고, 정해진 과목과 '캡스톤 프로젝트Capstone Project'를 완료하면 전문가 인증도 받을 수 있다.

케이무크는 성공할 것인가?

| 케이무크의 성공을 위한 제안 |

지금까지 3대 무크 서비스의 각각의 목표와 특성을 살펴보았다. 무엇을 목표로 하느냐에 따라 각 회사마다 특징과 방향성에서 차이를 보이고 있으며, 수요자인 학생과 일반인들 역시 자신들의 목표에 맞게 서비스를 선택할 수 있다.

그렇다면 2015년 10월에 출범된 케이무크는 어떻게 진행될 것인가? 현재까지의 흐름을 살펴보면서 더 좋은 무크 서비스를 위한 몇 가지 제안을 해보려고 한다.

국가평생교육진흥원 사이트에 방문하면 케이무크 사업에 대한 소개를 볼 수 있다. 사이트에서는 케이무크의 목적을 온라인 공개강좌 확산, 좋은 강의 모델 확산 및 수업의 질적 혁신, 대학교육의 실질적 기회 균등, 국가 인적자원개발에 기여 등 네 가지로 밝히고 있다.

우선 케이무크 사업의 수요자가 좀더 명확했으면 좋겠다는 아쉬움이 있다. 앞에서 살펴본 3대 무크 서비스를 보면 누구에게 서비스를 왜 제공하는지를 분명히 하고 있다. 에드엑스의 목표는 대학생에게 보다 효율적이고 매력적인 대학교육을 제공하는 것이고, 유다시티는 기술산업 분야의 경력을 가지려는 사람에게 필요한 지식과 기술을 전수하려 하며, 코세라는 대중에게 세계 최고 수준의 강의를 경험할 기회를 주고자 한다. 수요자층을 명확히 해야 특정 수요자층의 관심사, 시간활용도, 단계적 능력 향상 등을 고려하며 콘텐츠를 제작할 수 있다. 평생교육진흥원에서 제공하는 케이무크의 목표를 보면, 수요자에 대한 설명이 없다. 간단한 도표를 통해 최종 소비자를 국민으로 밝히고 있을 뿐이다. 그러나 국민이란 범위는 너무 포괄적이며, 어마어마한 양의 콘텐츠가 바탕이 되지 않는 한 이들을 모두 만족시킨다는 것은 불가능하다.

무크는 인터넷 인프라가 갖춰지고 정보통신 기술의 발전이 뒷받침되었기에 가능한 플랫폼이다. 인터넷을 통해 일방적 소통에서 벗어나 쌍방적·전방위적 소통이 가능해졌기 때문에 무크를 통해 교육의 혁신을 이야기할 수 있게 된 것이다. 케이무크가 대학 강의실에서 교수가 학생에게 일방적으로 지식을 전달하는 방식을 단지 온라인상으로 옮긴 것에 그치지 않으려면, 수요자에 대한 생각과 연구가 절실하다. 수요자의 범위를 분명히 해야 거기에 맞게 코스와 플랫폼을 설정할 수 있다. 이 서비스가 기존 교육의 보완재인지 대체재인지 역시 수요자를 먼저 생각하지 않고는 결정할 수 없는 문제다. 목표가 평생교육이든 재취업이든 진학이든, 효과 있는 콘텐츠를 기획하고 제공하기 위해서는 그 콘텐츠의 대상이 명확해야 한다.

에드엑스에서 다른 대학의 자주권과 브랜드를 존중하듯이, 케이무크도 비슷한 태도를 표방하고 있다. 하지만 케이무크는 기본적으로 정부 주도 사업이다. 에드엑스는 대학에서 출자한 돈으로 설립된 독립기관이며, 하버드 대학교와 MIT가 출자한 6,000만 달러는 2년 정도의 운영비로 쓰인 뒤 회수될 예정이다. 아가왈 교수가 강조했듯이 에드엑스는 자체적으로 운영되는 것을 목표로 한다. 케이무크가 에드엑스를 꿈꾼다면 1년에 필요한 예산이 300억 원이며, 이는 결코 적은 비용이 아니다. 정부 주도 사업에서는 '의지 하락'이 큰 리스크로 작용한다. 정부 예산이 존재한다는 사실 하나만으로 운영자가 수익을 내고 효율적으로 운영하려는 의지가 적어지는 것이다. 소액금융을 정부 주도가 아닌 민간 주도로 운영할 때 더 좋은 성과를 내는 것과 비슷한 이유이다. 콘텐츠를 제공하는 대학에 대한 보상이 충분치 않으면 콘텐츠를 제작하고 제공할 의지 또한 하락할 수밖에 없다. 억지로 케이무크 사업에 묶어두는 것은 대학의 자율성을 침해하는 일이다.

더불어 교육을 제공하는 것 외에 데이터를 수집하고 분석하는 것이 매우 중요하다. 모든 무크 서비스 업체는 학생들의 학습 과정을 데이터베이스화하고 이를 분석하는 데 많은 노력을 들인다. 서비스를 개인화하고, 보다 효율적이고 매력적인 방향으로 발전시키기 위해서는 데이터 분석이 필수이다.

이외에 기존 강의 서비스와의 차별화도 필요하다. 한국은 인터넷 인프라가 잘 갖춰져 있고, 사이버대학·학원·KOCW_{korea Open Course Ware} 등 많은 분야에서 인터넷 강의가 개설되어 있다. 유튜브 등의 사이트에서 필요한 정보 또는 짧은 강의를 쉽게 찾아볼 수도 있다. 이미 존재하는 서비스와 비교해 확실한 장점과 특성을 지니고 있어야 한다. 단지 유명한 대학의 강의라는 것만으로는 충분치 않다. 또한 좋은 콘텐츠를 만들기 위해서는 지적재산권이 보장되는 환경이 마련되어야 하며, 콘텐츠의 수준에 걸맞은 보상도 필수적이다. 보호받지 못하고 보상받지 못한다면 어느 누구도 콘텐츠를 제공하려 하지 않을 것이다.

미국의 무크는 높은 등록금, 고등교육의 시그널 효과 하락, 정체된 교육방법 등 미국의 여러 교육 문제를 극복하려는 방향으로 발전해왔다. 미국의 무크는 저비용으로 인증을 받고, 이 인증이 사회에서 효력을 발휘할 수 있도록 노력을 기울이고 있다. 이와 더불어 학생들의 학습데이터를 연구하여 교육방법을 새로운 수준으로 업그레이드하려 한다. 토론 위주로 진행하는 거꾸로 수업, 온라인과 오프라인 수업을 섞어서 진행하는 혼합 수업 등을 활용하는 것도 학생들의 데이터를 분석해 내놓은 방안이다. 케이무크도 우리의 여러 가지 교육환경을 보완하고 극복하는 방향으로 발전해나가길 희망한다. 이를 위해서는 케이무크를 통해 해결하고자 하는 문제와 목적의식을 분명하게 설정해야 한다.

김대식

사단법인 열린연구소의 설립자이자 소장. 1982년 대구 출생. 미국 조지타운 대학교에서 사회학과 경제학을 공부한 뒤 하버드 케네디 스쿨에서 공공정책 석사학위를 취득했다. 무크를 포함한 다양한 채널을 통해 연구소 설립 준비와 운영에 필요한 컴퓨터 프로그래밍을 배웠다. 이런 경험을 통해 융합인재교육의 필요성을 절실히 느꼈고, 현재 융합인재교육 관련 스타트업을 운영하고 있다.

도시

로컬로의 귀환

'마을'을 되살리기 위한 노력과 난제들

PORTLANDIA

THURS 10P
RETURNS JAN 8

IFC

미국의 포틀랜드에서는 유명한 라이프스타일 잡지 〈킨포크〉가 만들어진다. 이 잡지는 이웃끼리 모여 앉아 무언가를 먹는 사진들로 가득 차 있다. 사진 속의 사람들은 행복해 보인다. 잡지를 위해 연출된 모습일까? 어느 정도는 그럴 수도 있겠지만, 이 잡지는 상당 부분 사실을 반영하고 있다. 포틀랜드에는 담장 없는 집들이 많다. 이웃과 교류하기 위한 물리적 환경이 갖추어져 있는 것이다. 이곳 사람들은 자신이 살고 있는 지역에 애정을 갖고 있으며, 마을을 아름답게 만들기 위해 노력하기도 한다.

포틀랜드를 배경으로 한 TV 시리즈 〈포틀랜디아Portlandia〉의 에피소드 하나를 보자. 한 쌍의 남녀가 레스토랑에서 주문을 하려고 한다. 웨이트리스는 닭의 혈통과 생전의 이름, 먹은 음식 등을 말해준다. 남녀는 그 닭이 이 지역의 양계장에서 자랐는지, 로컬 음식을 먹었는지 등을 물어본다. 결국 이 커플은 양계장을 직접 보러 나선다. 코믹하게 과장된 이 드라마 속 모습에서 최신 트렌드, 혹은 문화적 지향성이 읽힌다. 점점 더 복잡해지고 국제화되어가는 세상에 살고 있는 현대인들이 더욱 지역적이고 자연적인 삶을 꿈꾸는 문화적 지향성을 보이고 있다는 것이다. 거기에는 단순히 지역이라는 물리적 공간에 대한 지향뿐만 아니라 감성적인 회귀에 대한 지향도 담겨 있다.

이러한 일이 외국에서만 일어나는 것은 아니다. 사람들이 익명으로 존재하는 회색빛 도시에서, 자연스럽고 따뜻한 지역공동체를 꿈꾸고 만들어가려는 움직임이 이미 우리 안에서도 조용히 확대되고 있다.

이번 장에서는 '로컬'에 대한 지향이 마을공동체 회복이라는 구체적 현상으로 나타나게 된 배경과 그 긍정적 사례를 살펴볼 것이다. 또한 현 시점에서, 마을 공동체 회복을 어렵게 하는 요소가 무엇인지에 대해서도 살펴볼 것이다.

근대적 도시 만들기로의 질주, 그 이후

| 우리 마을공동체의 현주소 |

　20세기 후반, 한국은 인류사에 유례없는 단기 고속성장을 이루어냈다. 짧은 시간 동안 엄청난 양적 팽창과 질적 변화를 겪은 것이다. 이것이 유의미한 성취임을 부정할 수 없지만, 여기에 긍정적인 결과만 뒤따른 것은 아니었다. 모더니티로의 돌진은 영원히 지속되는 것이 아니어서 언젠가는 제동이 걸릴 수밖에 없었다. 20세기 중후반 휘몰아쳤던 압축적 성장의 반동으로, 1990년대 말부터 새로운 사회적·문화적 움직임이 나타났다. 사람들은 확장·개척·재개발 등 기존의 도시계획 및 도시건설 패러다임의 반대쪽을 들여다보기 시작했다. 친밀함·따뜻함·공동체 등이 가진 힘에 눈을 뜨고 그것의 가치를 인정하기 시작한 것이다. 얼핏 전자가 더 화려하고 스케일이 크며, 가시적인 성과를 낼 수 있는 무엇으로 보일 수 있다. 하지만 가시화하기 힘든 현대인의 고독 및 고립의 문제는 후자가 훨씬 더 잘 풀어낼 수 있다.

　친밀함·따뜻함·공동체 등이 현대인의 고독 및 고립의 문제를 해결할 힘을 가졌다 한대도, 그러한 가치를 실현하기 위해서는 먼저 우리가 사는 공간에 대해 고민해야 한다. 거주 공간에 대한 고민을 통해 지역사회 강화, 마을공동체의 복원이라는 과제가 성취될 수 있기 때문이다.

　우리는 지역사회나 마을공동체를 형성하기 힘든 지역적·문화적 환경에서 살고 있다. 지역과 지역사회는 다른 개념으로, 어떤 지역이 있다고 해서 그 지역 안에 반드시 지역사회가 있는 것은 아니다. 특히 우

▲ 공동체에는 현대인의 고독 및 고립의 문제를 풀어낼 힘이 있다. 하지만 현실은 우리가 공동체를 형성하기 힘든 환경에서 살고 있다는 것이다.

리나라에서는 주민들이 지역사회라는 공동체 속에서 소속감을 지닌 채 삶을 영위하는 경우가 매우 드물다. 지역사회에 대한 공동체 의식은 부재하면서 이해득실에 따른 지역주의나 지역이기주의는 강한, 개인들이 공동체 안에서 소외되어 있는 구조다.

도시의 부유층들이 거주하는 초고가의 아파트나 대규모 주택들은 마치 옹벽을 둘러친 성城처럼 보인다. 상류층은 그들의 경제적 자본으로 일구어낸 문화자본과 사회자본을 이용하여 견고한 친목·혈연 네트워크를 유지한다. 자신들의 네트워크를 내보이지 않겠다는 듯, 높은 벽 안쪽에 모여든 이들의 커뮤니티를 '지역사회'로 볼 수 있을까? 사회 연결망적 관점에서 보자면 이러한 종류의 커뮤니티는 사람들을 자유롭고 창조적으로 연결하는bridging 관계라기보다는, 배타성을 기반으로 끼리끼리 모이는 연줄다지기bonding에 가깝다.

중산층 시민들이나 서민들에게도 공동체적 삶이 자리잡기 힘든 것은 마찬가지다. 이들의 대부분은 투자나 재테크를 목적으로 주택을 구입하고 있기 때문에 그 지역 주민이라는 정체성을 가지거나 애착을 가지고 장기간 한곳에서 거주하는 사람은 드물다. 자연스레 피상적인 수준에서, 또는 도구적 차원에서 이웃과 접촉하게 된다. 도시개발 정책에 따라 기존의 주거지역이 파괴되는 것도 이러한 현상의 한 이유가 된다. 이러한 현실에서 마을공동체의 싹을 틔우기란 힘들다. 주부들 간의 네트워크가 형성된 지역도 있지만 가족 구성원 모두가 커뮤니티에 참여하는 경우는 드물다.[1]

한편 경제적 최하층에 속하는 시민들은 물적·심리적 여유가 없어 이웃과의 관계 형성이 어렵다. 이웃과 함께 즐길 만한 문화적 자원이 적으며 직업·소득·지위·생활 패턴이 불안정하다. 더욱이 건강상태도 좋지 않은 경우가 많아 의미 있고 생산적인 교류활동이 이루어지지 않는다.

이러한 문제가 꾸준히 지적되어왔음에도 도시계획의 패러다임은 쉽게 바뀌지 않았다. 2000년대 이후 전면철거 방식의 재개발 사업이 본격적으로 추진되었고 그 규모가 더욱 커져 뉴타운 사업 등이 진행되기 시작했다. 1990년에는 전체 주택 재고의 74.4퍼센트를 차지하던 단독 주택·다세대 주택·연립 주택 등은 신축 아파트로 본격적으로 대체되어 2010년에는 전체 주택 재고의 40.5퍼센트로 하락했다.[2] 서민들의 거주 기반이었던 저층 주택이 재개발로 사라지면서 기존에 살고 있던 주민들은 거주지를 옮길 수밖에 없었다. 재개발 기간 동안 철거 예정 지역은 슬럼화되었으며 마을공동체는 쇠락했다. 주민들은 재개발을 둘러싸고 찬반 양측으로 나뉘어 갈등했다. 전통적으로 지역공동체가 활성화되어 있던 서울 여러 지역의 역사성과 장소성은 멸실되고 말았다.

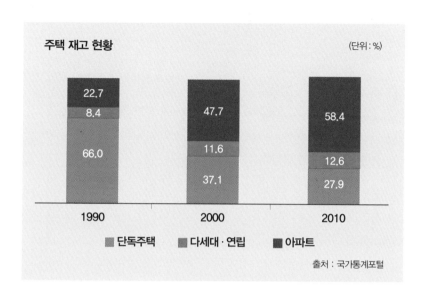

주택 재고 현황 (단위 : %)

22.7
8.4
66.0
1990

47.7
11.6
37.1
2000

58.4
12.6
27.9
2010

■ 단독주택 ■ 다세대·연립 ■ 아파트

출처 : 국가통계포털

마을 공간 만들기에 대한 새로운 의식

| 마을 만들기의 사례 |

하지만 긍정적인 사례 역시 존재하며, 이러한 움직임이 조금씩 확산되고 있는 것도 사실이다. IMF 이후 일본의 마을 만들기 운동인 '마치즈쿠리'가 국내에 소개되었고, 이를 통해 마을 공간 만들기에 대한 새로운 의식이 싹텄다. 1990년대 후반 대구 삼덕동의 '담장 허물기' 같은 작은 움직임이 전국적으로 여러 곳에서 일어났다. 2000년대에 들어서면서는 각 시·군별로 조례가 제정되었다. 2003년 전북 진안군의 '마을 만들기 조례' 제정이 대표적이다. 2007년 국토교통부는 '살고 싶

▲ 대구의 담장 허물기 작업으로 철거한 동산의료원의 담장은 종탑으로 사용되고 있다. 이러한 작은 시도로부터 마을 만들기 운동이 확산되기 시작했다.

은 도시·마을 만들기' 사업을 통해 주민이 참여하는 상향식 도시계획 이라는 새로운 패러다임을 제시했다.

서울시의 경우 2000년경 북촌 한옥마을 가꾸기 사업을 실험적으로 실시한 이후 2008년부터 강북구 능안골, 강동구 서원마을 등에 '살기 좋은 마을 만들기 지구단위계획 시범사업'을 실시했다. 그 이후 서울시는 휴먼타운, 경관협정사업, 주민참여 주거지 재생사업으로 이어지는 일련의 마을 만들기 사업을 추진하고 지원했다. 특히 2012년에는 뉴타운 사업의 출구전략으로, 마을 만들기 사업을 중심으로 하는 본격적인 정비 계획을 내놓았다(마을공동체 만들기 지원조례). 주민자치·마을공동체 육성·주거지 보전이라는 과제에 대한 고민은 걷고 싶은 거리 만들기·공공디자인·벽화 그리기·도시 재생·지역 재생·예술 마을·살기 좋은 지역 만들기·담장 허물기·골목 살리기 등 여러 가지 결과로 나타났다.

좋은 사례로 강동구 암사동 서원마을의 경우를 꼽을 수 있다. 서원마을은 서울시 휴먼타운 시범사업 지구로 선정된 후 '도심 속 전원마을' '친환경 생태마을'이라는 테마로 마을 만들기를 실시했다. 서울시의 지원을 받고 주민이 중심이 되어 진행한 이 사업은 성공적이라는 평가를 받았다. 이 사업을 통해 보행환경과 골목환경이 개선되었으며 마을회관·놀이터 등 주민 편의시설이 지어졌다. 마을경관 특화 등의 작업도 이루어졌다.

서원마을은 서울에는 드물게 남은 단독주택 지역이었다. 이는 이곳에서 마을 만들기 사업의 취지를 잘 살릴 수 있었던 큰 이유이자 원동력이 되었다. 주민들은 이곳에 오래 거주해왔기 때문에 워크숍을 열고 협의체를 구성하는 등 주민 주도로 문제를 해결하며 서로 간의 신뢰를 형성하는 것이 가능했다. 물론 모든 과정이 순탄한 것만은 아니었다. 주민들과 서울시 관계자 및 서원마을 기획팀 사이에 신뢰가 충분히 축적되기 전까지는 오해나 불편한 일도 발생했다. 주민들 간에 의견이 나뉘기도 했다. 서원마을은 법적으로는 3층까지 건물을 지을 수 있게 되어 있었는데 전체적인 마을경관과 정취, 마을의 특성 등을 고려할 때 건물의 높이를 2층으로 제한해야 한다고 주장하는 주민들과 재산권을 이유로 반대하는 주민들 간에 의견 충돌이 일어났던 것이 그 예다. 결국 마을총회와 주민투표를 통해 건물의 높이를 2층으로 규제하는 안을 선택했다.[3] 의견을 조정하기 어려운 사안이었음에도 주민들은 자치를 통해 이를 해결했고, 서원마을은 지자체의 강력한 개입 없이도 지속적인 마을 만들기 활동이 이루어질 수 있음을 보여주는 사례가 되었다.

또다른 사례도 있다. 경기도 안산시 선부2동의 석수골 이야기다. 이곳에서는 다가구 밀집지역 마을 만들기 프로그램 가운데 하나로 '소리정원'이라는 이름의 마을 정원 만들기를 추진하여 여러 가지 성과를 거두었다. 마을 정원을 만든다는 일은 얼핏 사소한 작업처럼 보일 수 있다. 하지만 소리정원은 좋은 경관을 보여주는 데서 그치지 않고, 지역주민이 일상적으로 만나 편안히 이야기할 수 있는 쉼터로서 정서적 기능까지 했다. 어린이들은 정원 가꾸기에 참여하면서 자연을 체험할 수 있었다. 이는 즐거운 놀이이자 훌륭한 학습 기회였다. 평소 잘 모르고 지내던 마을 사람들이 공동 작업을 하며 자연스럽게 연결되는 것은 물론이다. 정원 조성이라는 작은 사업이 지역사회 전체에 긍정적인 영향을 미친 것이다. 석수골의 소리정원은 작은 변화처럼 보이는 것이 사람들의 실제 삶에 얼마나 큰 파장을 일으킬 수 있는지 보여주는 좋은 사례이다.

마을 만들기가 도시 재생urban regeneration으로 이어진 경우도 있다. 수원시의 원도심인 행궁동이 그 예이다. 행궁동은 수원 화성이 유네스코 세계문화유산으로 지정되면서 노후화를 겪었다. 이 지역의 예술가들과 토박이 주민들은 지역의 문화적 자원과 역량을 창의적인 방식으로 활용하여 마을을 재탄생시켰다. 거주 주민들이 나서서 벽화를 그리고 마을기업을 만드는 등 적극적으로 마을 만들기 사업을 진행한 것이다. 행궁동은 전국적으로 손꼽히는 예술 마을이 되었고, 문화·예술인들을 비롯해 수많은 방문객들이 이곳을 찾았다. 행궁동은 마을의 문화적 자원과 에너지를 지역 활성화에 집중하여, 오래된 도심을 변화시키고 재조명하는 문화주도적 도시 재생culture-led regeneration의 사례로 남았다.

마을 만들기 사업은 농어촌·산촌 지역에서도 이루어졌다. 특히 전

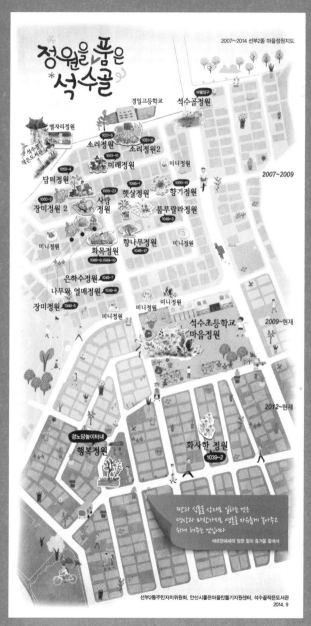

정원을 품은 석수골

2007~2014 선부2동 마을정원지도

경일고등학교
석수골정원

별자리정원

석수골 작은도서관

소리정원 | 1051-6 | 소리정원2 | 1051-6
1051-15

미래정원 | 미니정원

담터정원 | 1050-4

햇살정원 | 1049-1 | 향기정원 | 1050-15
1050-23

장미정원 2 | 1050-2 | 사랑 정원

블루랄라정원 | 1049-3

미니정원

화목정원 | 향나무정원 | 1048-12 | 미니정원
1049-9,1049-10

은하수정원 | 1049-7

나무와 열매정원 | 1049-6

장미정원 | 1049-5

미니정원 | 미니정원 | 미니정원

석수초등학교 마을정원

2007~2009

2009~현재

2012~현재

경노당놀이터내

행복정원

화사한 정원 | 1039-2

선부2동주민자치위원회, 안산시흥은마을만들기지원센터, 석수골작은도서관
2014. 9

▲ 안산시 선부2동의 석수골은 마을 정원 만들기를 추진하여 여러 가지 성과를 거두었다. 이 공간은 지역주민이 일상적으로 만나 편안히 이야기할 수 있는 정서적 기능까지 했다. 정원 조성이라는 작은 사업이 지역사회 전체에 긍정적인 영향을 미친 것이다. 사진은 석수골 마을 지도.

라북도 진안군은 농촌에서 진행된 마을 만들기의 모범적인 모습을 보여준다. 진안군은 2007년에 전국 최초로 팀을 꾸려, 장기적이고 체계적인 계획을 바탕으로 약 300개에 이르는 마을█에서 농업 공동체 사업을 성공적으로 진행했다. 그중 하나인 원연장 마을은 2013년에 약 1만 명의 관광객을 불러들였고, 마을의 숙박사업·체험활동 사업 등으로 상반기에만 4,800만 원의 수입을 올렸다.[4] 원연장 마을의 주민은 대부분 70대 이상의 고령자임에도, 젊은 이장을 주축으로 주민들이 마을 사업에 적극적으로 참여했다.

마을 만들기 현장에서는 단순히 경관을 가꾸는 것을 넘어 주민들의 창의적 아이디어가 여러 가지 방식으로 적용된다. 지역마다 다양한 종류의 마을기업들이 설립되고, 대안학교나 공동육아 등의 교육시설도 운영된다. 마을 박물관이나 자전거 제작소가 만들어지기도 하며, 어린이 문화예술 교육이 진행되고 주민대학이 개설되기도 한다. 마실길이 조성되거나, '건강마을' '생태마을' 등의 테마를 내세운 마을이 만들어지며, 이와 병행하여 문화 개선 운동이 진행된다.

마을 만들기 사업의 그림자
| 몇 가지 현실적 문제들 |

마을 만들기 사업에 그림자가 없는 것은 아니다. 사업을 진행해가는 과정에는 부딪치고 넘어야 할 장애물들이 산적해 있다. '마을로의 귀환'이 미래의 의미 있는 조류가 되기 위해서는 다음과 같은 현실적 문제들을 해결해야 한다.

먼저 지적할 것은 관이나 민간 단체 주도의 마을 만들기 사업이 장기적으로 진행되지 못해 성과 없이 주민들에게 피로감만 주는 일이 많다는 것이다. 마을 만들기를 비롯해 지역협동조합이나 사회적 경제 사업, 그밖의 여러 공동체 사업들은 지자체에서 일정한 목적을 가지고 주도하는 경우가 많다. 이러한 사업들은 진정으로 지역 주민들의 역량을 키워 풀뿌리 네트워크를 강화한다거나, 그들의 아이디어를 민주적인 방식으로 모아 지역공동체를 활성화한다는 장기적인 청사진 아래에서 기획되지 않는다. 많은 사업들이 사업 공모·계획 수립·지원·조치·보고 및 발표 등 일련의 과정만을 거친 뒤 이벤트성으로 끝나곤 한다. 또는 중앙정부의 사업을 위한 조례를 만드는 수준에서 끝나기도 하고, 지역단체장의 스펙으로 동원되기도 한다. 현장에서 사용될 사업 실행 전략이 부재하거나 사후 지원·모니터링 등이 이루어지지 않아 일회성 사업으로 흐지부지 끝나는 경우도 적지 않다. 이는 앞서 말한 대로 로컬·마을·공동체라는 것이 하나의 트렌드로서 도구적으로 활용되어 나타나는 부작용이다. 이렇게 잘못 기획된 공동체 사업 사례가 쌓이면 주민들이 마을 만들기 따위는 필요 없다고 생각하게 되거나 평온하던 마을을 오히려 망치는 일이라며 반대하게 될 수도 있다. 지원을 해주는 지자체도 실적을 내지 못했다는 이유로 지원할 의욕을 잃기도 한다.

둘째는 지역 주민들 간에 이해관계가 서로 다른 데서 오는 갈등 문제이다. 마을 만들기를 비롯한 지역공동체 사업에 투입되는 자원은 한정적일 수밖에 없다. 그렇다 보니, 투입된 자원의 혜택을 받은 집단과

받지 못한 집단 사이에 이권이 충돌하거나 감정이 상하는 등의 갈등이 나타나곤 한다. 지역사회 조직을 위한 운동이 진행될 때에도 돈 때문에 갈등이 발생한다. 여기에 지역사회 조직화 움직임을 반대하는 주민들의 목소리가 섞여 마을축제 개최나 복지관 건립 등의 사업이 물거품이 되기도 한다. 애초의 계획이나 투자된 비용에 비해 지역사회에 이득은 적으면서 갈등만 발생하는 경우도 적지 않고, 지역에 상존하고 있던 조직 사이의 갈등이 공동체 사업을 통해 증폭되기도 한다.

셋째는 산업사회의 도래 이후 지역공동체의 긍정적 기능을 경험한 사람들이 드물어졌다는 점이다. 지역공동체의 긍정적인 부분을 경험한 적이 없는 이들은 공동체 운동이나 지역사회 복지 프로그램이 자신에게 어떤 이득이 되는지만 생각하기 쉽다. 지역에 따라서는 집에서 혼자 지내며 타인과 별다른 접촉을 하지 않는 주민이 많은 곳도 있다. 이런 지역의 주민들은 애초부터 지역사회에 대한 애정이 없다. 그렇기 때문에 사업에 참여하는 사람이 적고, 참여율을 높이기 위한 기념품만을 바라는 사람도 없지 않다. 활동가나 복지사들은 주민들을 지속적으로 만나 설득을 하지만 참여율을 높이기란 쉬운 일이 아니다. 마을 만들기 전문가도 아직 그 수가 충분하지 않다.

넷째는 계층 문제이다. 마을공동체 사업은 중산층에 속한 사람들을 대상으로 하거나 중산층 밀집 지역에서 진행되는 것이 더 잘 활성화되곤 한다. 먹고 살 만은 해야 비로소 마을이나 공동체의 문제에 대해 생각할 여유가 생기기 때문이다. 앞서 설명했듯 경제적 최하층에 속하는 사람들은 시간적·정신적 여유가 없고 건강마저 뒷받침되지 않는 경우가 많아 함께 사업을 진행하기 어렵다. 사업 비용이 정부나 지자체에서

▲ 마을 살리기를 통해 활성화된 마을을 프랜차이즈들이 차지하는 젠트리피케이션도 간과할 수 없는 문제이다.

지원되기는 하지만, 예산 제약이 있기 때문에 주민들이 소소한 비용을 지출하거나 시간을 투자해야 하는 일이 많다. 생계비를 마련하기도 힘든 주민들에게 이러한 지출과 투자는 부담스러울 수밖에 없다. 실제로 주민자치를 통해 마을 만들기를 성공시킨 한 지역의 경우, 주민 중 대졸자가 68.6퍼센트, 대학원 재학 혹은 졸업자가 21.6퍼센트나 되었다. 또한 거주지에 대한 주관적 인식이 부정적 영향을 끼치기도 한다. 빈곤 지역에 사는 사람들은 자신의 거주지를 삶의 터전으로 여겨 애정을 가지기보다는 빨리 벗어나고 싶은 곳으로 여기고, 그 지역을 대상으로 하는 사업 제안에 마음을 닫아버린다.[5]

다섯째는 젠트리피케이션 문제이다. 마을 만들기 등을 통해 마을의 경관이 살아나고 사람들이 모여들고 경제가 활성화되면 건물주가 바

뛰는 일이 빈발한다. 기존 가게를 밀어내고 프랜차이즈가 들어오며, 임대료가 올라 마을을 되살리는 데 가장 공이 큰 주민들이 오히려 마을을 떠나게 되는 일도 많다.

작은 천국 만들기, 희망은 있다
| 마을을 통한 인간성 회복 |

어느 지역에서든, '로컬'로 돌아가는 일에는 시행착오가 따른다. 어떻게 하면 주민들이 더 많이 상호작용할 수 있을지, 어떤 사업을 해야 한 사람이라도 더 집 밖으로 나오게 할 수 있을지, 어떤 측면을 파고들어야 사람들의 마음을 움직일 수 있는지 등 미시적 지식과 노하우는 그냥 얻어지지 않는다. 실패의 경험을 자산으로 만들려는 의지와 긍정적인 에너지가 필요하다. 지금 이 순간에도 공동체에 대한 순수한 열정으로 함께 사는 마을의 아름다움과 따뜻한 인간관계가 주는 충만함을 널리 퍼뜨리고자 노력하는 이들이 많다. 수많은 평범한 시민, 마을 매니저, 활동가, 예술가, 공동체 사업가, 사회복지사 및 지역사업 지원 담당자 등. 그들의 노력은 길모퉁이 작은 공방에서, 연습실에서, 요리교실에서, 벽화에서, 마을 도서관에서, 공동육아 시설에서, 지역 봉사단체에서, 각종 학습 공동체에서 빛을 발하고 있다. 로컬로 돌아가려는 이들의 노력이 어떤 양상의 결실을 맺게 될지는 알 수 없지만, 이러한 노력이 점점 더 확대·심화되리라는 것은 분명해 보인다.

마을 만들기 사업은 우리에게 전혀 없던 삶의 모습을 새롭게 발명하고 창조하는 작업이 아니다. 그저 서로 얽혀 살아가는 것이 자연스러웠던 인간 본래의 모습을 되찾는 과정일 뿐이다. 더 쉽게 말하자면 곁에 있음에도 무심히 지나쳤던 동네 사람들을 알아가고 그들과 손을 맞잡는 과정이다. 내가 내 마을의 주인이 된다는 것은, 옆집 할머니·아랫집 아저씨·건넛집 꼬마 등 평범한 사람들이 우리 사회의 진정한 주인이 될 수 있음을 발견하는 일과 같다. 평범한 사람들이 서로 아끼고 도와주고 어울리며 함께 살아가는 이야기를 도란도란 만들어내는 마을이야말로 우리가 여기 지상에서 만들 수 있는 소박한 천국이 아닐까.

임동균

서울시립대학교 도시사회학과 교수. 서울대학교 사회학과에서 학사학위와 석사학위를 취득하고 하버드 대학교 사회학과에서 박사학위를 취득했다. 미국 터프츠 대학교 사회학과 강사를 거쳐 서울시립대학교에 재직 중이다. 주된 연구 분야는 정치심리학, 사회조사 방법론, 도시사회학, 사회이론, 현대 중국사회 등이다.

의학

전염병의 시대, 우리는 준비되어 있는가

메르스 사태를 통해 본 전세계의 최신 전염병 연구 트렌드

"효과 없는 시스템이 문제가 아니라, 우리에게 시스템 자체가 없다는 것이 더 큰 문제였다." 2014년 서아프리카에서 발생한 에볼라Ebola의 창궐 사례를 두고 빌 게이츠가 한 말이다. 빌 게이츠는 이러한 말로 우리가 다음에 닥쳐올 전염병에 준비가 되어 있지 않음을 경고했다.

에볼라가 창궐할 당시 전세계에는 그 질병이 무엇인지 파악하거나 그것이 얼마나 퍼졌는지 확인할 전염병 학자의 숫자가 충분하지 않았다. 발생 현황이 공개되기까지 시간이 지체되었고, 정보도 매우 부정확했다. 또한 전염병에 대응할 사람들을 어떻게 준비시켜야 하는지도 알지 못했다. 빌 게이츠는 에볼라에 대한 대응은 한마디로 '국제적인 실패'였다고 말했다.

그렇다면 빌 게이츠가 생각하는 해법은 무엇일까? 그는 전염병에 준비하는 가장 좋은 방법은 전쟁에 대비하는 방법과 같다고 말한다. 준비된 상근 군인, 규모를 늘릴 수 있는 예비군, 나토(NATO, 북대서양 조약기구)의 신속히 급파 가능한 이동부대, 훈련을 잘 받았는지 점검하기

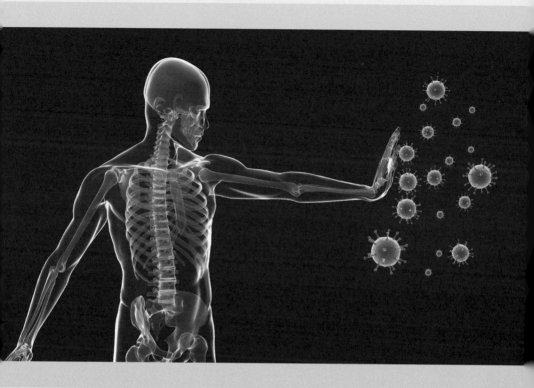

위한 많은 전쟁 게임War game 등의 요소들이 전염병을 다룰 때에도 동일하게 적용될 수 있다는 것이다. 빌 게이츠는 전염병에 대응하려면 빈곤한 국가를 위한 강력한 의료 시스템, 훈련과 기본 지식, 전문성을 가진 많은 의료 예비인력, 그리고 예측 및 모의실험 등이 필요하다고 역설한다.

우리도 2015년의 메르스 파동을 겪으며 이미 미생물과의 전쟁에 대한 필요성을 절감했다. 이번 장에서는 인간과 미생물 사이에서 벌어진 전쟁의 역사, 현재의 한계, 전염병에 관한 국내외의 최신 연구 동향 등을 짚어보며 앞으로 다가올 신종 전염병에 어떻게 대비해야 하는지 생각해볼 것이다.

21세기는 전염병의 시대

| 인간과 미생물 간의 전쟁의 역사 |

인류 역사상 최초로 기록된 전염병은 서기 165~180년 로마 제국에서 유행한 천연두이다. 《명상록》으로도 유명한 아우렐리우스 황제는 중동 지역에서 전쟁을 치르던 중 천연두에 감염되었으며, "나를 위해 울지 마라, 역병과 수많은 다른 이들의 죽음을 생각하라"라는 글을 자신의 책에 남기고 생을 마감했다. 당시의 천연두로 500만 명의 사상자가 발생했고, 이후 14세기 유럽 전역에 흑사병이 창궐해 당시 유럽 인구의 3분의 1 가량인 7,500만 명, 17세기 신성로마제국의 30년 전쟁에서 페스트와 티푸스로 800만 명, 19세기 인도 및 중국 등지에서 콜레라로 1,500만 명, 20세기 초 러시아에서 티푸스로 300만 명, 스페인 독감으로 5,000만 명, 2009~2015년에는 신종플루(H1N1)로 20만 3,000여 명이 사망했다(WHO 통계자료).

세계보건기구WHO는 21세기를 '전염병의 시대'로 규정했다. 19세기 후반 루이 파스퇴르가 백신을 개발한 이래 신약 개발 기술이 의학과 함께 지속적으로 발전하고는 있지만 전염병의 전파 속도를 추월하기에는 아직 역부족이다. 에이즈로 사망하는 환자는 매년 미국에서만 약 5만 명에 달하며, 2014년 서아프리카에서 발생한 에볼라의 사망률은 60퍼센트에 육박했다. 1969년 윌리엄 스튜어트 미국 공중위생국장은 "전염병은 이제 대부분 끝이 보인다"라고 선언했지만, 그 후로 50년 가까이 지났음에도 새로운 전염병의 창궐과 환자들의 사망소식이

▲ 14세기에는 유럽 전역에 흑사병이 돌아 유럽 인구의 3분의 1가량이 사망했다. 사진은 흑사병으로 죽어가는 사람들의 모습을 그린 1411년의 성경 삽화.

끊이지 않고 있다. 최근 우리나라를 덮친 메르스(MERS, 중동호흡기증후군)는 2012년 사우디아라비아에서 처음 발견된 이후 최근까지 23개 국가에서 1,142명의 환자를 발생시켰고, 이중 465명이 사망해 치사율이 40퍼센트에 이른다. 2014년 서아프리카에서 발생한 에볼라의 사망률은 60퍼센트이고, 2009년 3월 북미대륙에서 발생한 신종인플루엔자는 전 세계 214개 국가에 전파되어 세계보건기구 추산 약 1만 8,500여 명을 사망케 했다. 또한 2002년 중국 광둥성에서 시작되어 약 10퍼센트 정도의 치사율을 보인 사스(SARS, 중증급성호흡기증후군), 1997년 홍콩에서 조류로부터 인체에 최초로 감염된 이후 총 1,700명 이상의 사망자를 낸 조류독감(AI, H5N1)에 이르기까지 전염병은 당초의 예상처럼 사라지기는커녕 21세기인 현재까지 우리 인간을 점점 더 위협해오고 있다.

왜 막을 수 없는가?

| 전염병 치료의 한계들 |

신종 전염병들이 몰려오고 있음에도, 그 예측이 불가능하기 때문에 전염병에 대한 신속한 대응과 예방이 매우 어려운 상황이다. 지금까지 우리는 인간과 인간 사이의 전염병 전파에 대해서만 줄곧 염려해왔지만, 최근에는 상황이 완전히 바뀌었다. 바이러스는 종을 초월하여 빠른 속도로 세력을 넓혀가고 있다. 사향고양이과의 한 종이 보유한 바이러스가 먹이사슬을 통해 인간에게 감염되어 중증급성호흡기증후군을 일으키고, 조류에서만 발견되던 바이러스는 인체에 조류독감을 야기했다. 또한 박쥐로부터 에볼라가, 낙타로부터 메르스가 감염되었으리라 추정되고 있다. 이와 같은 신형 바이러스나 슈퍼박테리아 등 내성균주는 우리를 공포로 밀어넣고 있다. 2012년 9월 우리나라에 방문했던 하버드 대학교 보건대학원장인 배리 블룸Barry R. Bloom 교수는 "중증급성호흡기증후군이 사라진다고 해도 세계는 새로운 질병에 대해 항상 준비가 되어 있어야 한다. 전염병에는 국경이 없으므로 이제는 감염성 질환과의 범세계적인 전쟁을 지원해야 한다"라며 변형된 신종 전염병에 대한 신속한 대응책 준비를 강조한 바 있다.

또 다른 문제는 의학의 혜택이 전세계 사람들에게 동일하게 분배되지 않는다는 것이다. 일반적으로 예방접종은 비용 대비 가장 효과적인 공중보건 수단으로 인식되고 있으나, 최근의 공중 보건상의 괄목할 만한 진보에도 불구하고 많은 나라들이 아직도 예방백신이 없거나 백신

▲ 신종 전염병들은 종을 초월하면서 세력을 넓혀가고 있다. 변형된 전염병에 대한 신속한 대응책을 준비해야 할 때이다.

의 개선이 필요한 감염성 질환으로 인해 엄청난 조기 사망과 장애를 겪고 있다. 훌륭한 백신이 있지만 돈이 없어 구하지 못하는 경우도 많다.

마지막으로, 전염병의 통제 및 예방 연구에 효율적인 인력 배분이 이루어지지 않을 뿐 아니라 충분한 예산이 책정되지 않는다는 문제도 있다. 한 예로 사스가 창궐했던 당시 미국 국립보건원NIH의 비효율적인 기금 조성 및 분배로, 정부가 전염병 예방에 대한 효과적인 대책을 마련하지 못한 점은 아직도 큰 아쉬움으로 남아 있다. 당시 미국 국립보건원은 전염병을 위한 새로운 기금을 조성하는 데는 성공하였지만, 이 기금의 대부분은 생물학적 테러 예방 연구 분야에만 지원되어 변화무쌍하게 발생하는 전염병에 대한 자원 및 인력의 신속하고 유연한 투입을 저해하는 결과를 낳았다.

좀비들이 퍼진다면, 어디로 도망쳐야 하는가?

| 데이터베이스 구축을 통한 전염병 예측 |

2015년 5월 18일 〈사이언스Science〉지는 미국 사우스 플로리다 대학교 연구팀이 방대한 양의 빅데이터를 분석하여 향후 전염병의 동향을 예측할 수 있는 시스템을 개발하는 중이라고 보도하였다. 여기서 사용되는 기술은 인공지능의 한 분야인 머신 러닝Machine Learning으로, 이는 인간이 해오던 일을 컴퓨터에게 학습시켜 인간 대신 그 일을 수행하도록 하는 알고리즘을 개발하는 기술을 뜻한다. 앞서 살펴본 빌 게이츠의 연설에서도 드러나듯이, 세계보건기구를 비롯한 세계 각국 보건 당국은 그간 전염병 발병 예측 연구에 막대한 예산을 투입해왔지만 현재까지 만족할 만한 성과를 거두지 못했다. 에볼라 사태가 그 대표적인 사례로, 사우스 플로리다 대학 연구팀은 이 문제를 해결하기 위해 수백여 종 동물들의 서식지 및 이동 경로 패턴을 분석할 수 있는 시스템을 개발 중이다. 이 시스템에는 쥐 등 설치류의 생체 내에 잠복해 있는 미생물(바이러스, 박테리아, 균류 등) 정보를 정밀분석하여 향후 발생 가능한 전염병을 예측하는 기능이 포함되었는데, 연구 결과 약 90퍼센트의 정확도를 보였다. 연구 책임자인 캐리 생태 연구소Cary Institute of Ecosystem Studies의 바버라 한Barbara A. Han 박사는 "전염병 예측 연구는 아직까지 초기에 불과하다"라면서도, 전염병 관련 데이터베이스 구축이 가능해졌기 때문에 앞으로 더 광범위한 전염병 예측이 가능할 것이라 전망한다.

빅데이터 분석을 통한 재미있는 연구 하나가 최근 미국 코넬 대학교

Cornell University에서 발표되었다.[1] '만약 이 세상에 좀비들이 퍼지기 시작한다면 어디로 도망가는 것이 가장 좋을까?'라는 주제의 연구이다. 연구 결과에 따르면 높고 외딴 곳으로 도망가는 것이 가장 확실하고 좋은 방법이라고 한다. 물론 좀비의 수가 많으면 어차피 다 죽을 것이라는 다소 우스운 결론도 나왔지만, 중요한 것은 이 연구를 위해 사용된 방법들이 실제 전염병 연구에 적용되는 방법과 동일하다는 것이다. 다시 말해, 전염병을 일종의 좀비로 가정하고 실제로 전염병이 어떻게 전파되는지를 연구한 것이다.

이와 같이 수학 모델mathematical model과 빅데이터를 이용해 전염병을 예측하는 소프트웨어가 속속 등장하기 시작하였다. 그 가운데 'SEIR'이라는 소프트웨어는 대상을 감염 가능성이 있는Suspectible, 잠복기에 있는Exposed, 감염된Infectious, 회복된Removed 사람으로 분류하여 각각의 조건에 따라 질병이 어떻게 얼마나 확산될지를 예측한다.[2] 이밖에도 병원체 및 감염 경로를 알아내는 '에피심스EpiSimS[3]'한 지역이 아닌 전세계로 전염병이 어떻게 확산될지를 예측하는 '글림GLEAM[4]', 인간 사이의 상호 감염을 예측하는 '프레드FRED', 인플루엔자 바이러스 확산 예측 프로그램인 '플루트FluTE' 등이 개발되었다. 미국의 질병통제예방센터CDC는 아시아독감의 특성을 토대로 '플루에이드FluAid'라는 프로그램을 개발해 신종인플루엔자 대책 수립 시에 이 프로그램을 활용했다. 우리나라에 새로운 독감 바이러스가 전파될 경우의 상황을 이 프로그램으로 예측해보면, 감염률을 30퍼센트로 가정했을 때 사망자가 약 5만 4,600명 발생할 것이라는 수치가 산출된다.

에피심스 프로그램에 대한 미국의 연구 논문에 의하면, 이 소프트웨어는 전염병의 확산 범위를 예측하여 전염병 전파의 주요 길목을 차단하는 대응 체계이다. 즉 에피심스는 전염병의 주요 발원지를 기준으로 교통망에 따른 인구이동을 고려하는데, 고속도로·국도·버스·지하철 등 각 교통수단별 인구이동 데이터를 활용해 개인의 이동패턴 및 타인과의 접촉 정도를 15단계로 구분한다. 집에 머무르는 시간이 많은 노인, 다양하고 넓은 행동반경을 가진 사람 등을 고려해 전염병 확산 경로 및 범위를 예측하는 것이다. 물론 일일이 계산에 넣을 수 없을 정도의 다양한 변수가 존재하므로 이러한 전염병 확산 예측 프로그램들의 정확도가 완벽하지는 않지만, 이러한 변수들을 해결하려는 노력이 현재 전세계적으로 이루어지고 있다.

미생물의 상호작용을 주목하라
| 인간 미생물군집 치료법 |

한편 세계경제포럼WEF에서는 '2014년 10대 유망 기술' 가운데 하나로 '인간 미생물군집 치료법Human Microbime Therapeutics'을 선정했는데, 여기서 '인간 미생물군집'이란 인체 내에 존재하는 미생물의 집단을 말한다. 인간의 몸은 보통 수조 개의 인체세포로 구성되어 있으며, 인체에 서식하는 미생물의 숫자는 그의 약 10배나 된다. 이 분야의 연구자들은 인간의 질병 가운데 상당수가 하나의 특정 미생물이 아니라 여러 미생물의 상호작용에 의해 발병되는 것일지 모른다는 의구심에서 출발하여,

▲ 인간의 몸에는 약 1만여 종 이상의 미생물이 존재한다. 이를 인간 미생물군집이라 하는데, 이들의 상호작용에 의해 질병이 발생한다는 가정을 토대로 전염병을 연구하는 학자들도 있다.

2007년 전세계 80여 개 연구팀이 참여하는 '인간 미생물군집 프로젝트HMP'를 출범시켰다. 2012년 발표된 연구보고서에 의하면, 인간의 몸에는 약 1만 여 종 이상의 미생물들이 존재하며 이는 체중의 약 1~3퍼센트를 차지한다고 한다. 현재 인간 미생물군집 프로젝트에서는 이들과 질병의 인과관계 규명을 위해 인체에 서식하는 수많은 박테리아와 진균·원생동물·바이러스의 DNA 염기서열을 분석하고 있으며, 이를 전염병 예방 및 치료 기술에 접목하려는 다각적 노력을 기울이고 있다.

미국의 경우 정부 차원에서 전염병 대응 정책의 일환으로 2010년 '인수공통감염병센터NCEEZID'를 설립하여 질병통제예방센터를 중심으로 전세계의 감염성 질병의 정보 파악 및 효과적 연구 활동을 지원하였고, 유럽은 '질병예방통제센터EDCD'를 설립하여 전염병 감시체계 및 대응 전략을 마련했다. 일본은 후생노동성을 중심으로 감염 극복 기술개발을 위한 '국제 네트워크 추진 프로그램J-GRID' 제2단계 계획(2010~2014)을 추진하였다.

무엇을 주목할 것인가?

| 2016년 국내 및 해외의 주목해야 할 최신 연구 분야 |

국내의 전염병 예측 및 대응 연구는 세계의 수준에 비하면 아직까지는 초보적인 단계이다. 국내에서는 '전염병 모니터링 시스템' 연구의 일환으로, 한국과학기술정보연구원KIST에서 전염병 확산 모델 시스템을

개발 중이며 2017년 구축을 목표로 하고 있다. 2012년에는 '감염병의 예방 및 관리에 관한 법률'이 시행되었고, 관계 부처 합동으로 '국가 감염병 위기 대응 기술개발 추진전략'이 수립되어 2016년까지 추진할 계획이다.

2016년 주목해야 할 전염병 연구에는 어떠한 분야들이 있을까. 가장 이슈가 되는 분야는 앞서 소개한 바이러스 유전자의 데이터베이스 구축 분야 및 수학 모델과 빅데이터를 이용한 전염병 예측 소프트웨어 개발 분야이다. 변화무쌍하고 예측하기 어려운 전염병의 본질적 속성 때문에, 이에 대한 신속하고 유연한 대처 방안의 확립이 환자 생존율 향상에 필수적이기 때문이다. 또한 전염병 위협 요소에 유전자 진단 등의 기술을 접목한 '고속진단 페이퍼칩Paper Chip' 산업도 꼽을 수 있다. 신속한 진단이야말로 빠르고 효과적인 치료를 위한 전제조건이므로, 이에 대한 연구가 더욱 활발해질 것으로 예상된다. 마지막으로 예방 백신에 대한 연구 역시 지속적으로 이루어질 것이다. 하지만 2015년에서야 말라리아 예방 백신Mosquirix이 최초로 개발되고 승인되었듯이, 신약 개발은 경우에 따라 한 세대까지 소요될 수 있다. 치료제 개발은 끈기를 가지고 지켜보아야 하는 분야이다.

▲ 2015년 7월 세계 첫 말라리아 예방백신이 개발되어 승인을 받았다. 신약 개발은 오랜 시간이 소요되는 경우가 많으므로 지속적인 관심이 필요하다.

우리는 준비되어 있는가?

| '하나의 건강'에 주목하자 |

전세계 연구자들 및 해당 분야 전문가들은 한목소리로 아직 우리의 전염병 연구 수준이 미흡하다고 말한다. 새로운 백신이 지속적으로 개발되는 중이고, 바이러스 유전자의 데이터베이스가 충실히 구축되고 있으며, 더 나아가 빅데이터를 이용한 전염병 예측 소프트웨어 개발이 점차 가속화되어감에도 불구하고 신종 전염병의 발생 및 전파 속도가 매우 빠르기 때문이다. 우리는 어떻게 대비하여야 할까. 국제적으로 인수 공통 질병의 위협이 나날이 증가하고 있는 가운데, 우리는 보건적 측면에서 인간·동물·환경의 문제가 하나라는 이른바 '하나의 건강One Health' 개념으로부터 그 대처 방안을 찾을 수 있을 것 같다. 인간·동물·환경 분야를 아우르는 공동의 대응이 절실히 필요하다는 의미이다. 실제로 미국을 비롯한 여러 선진국에서는 의사회·수의사회·공중보건학회 등의 전문가 단체와 정부 기관이 하나의 건강 관련 위원회를 구성하고 분야 간 교류를 원활히 하기 위해 노력을 기울이고 있다. 국제기구 또한 예외가 아니어서 세계동물보건기구WHO, 식량농업기구FAO는 2010년대에 들어서면서 인수 공통 전염병 예방 및 위험 관리를 위한 협력체계를 운영하고 있다. 2012년에는 세계은행에서 하나의 건강 개념이 공중보건 분야에 미치는 편익을 분석하여 발표한 바 있는데, 앞으로 다른 국제기구의 상호 협력 역시 늘어날 전망이다.

세상이 복잡해질수록 개인이 통제할 수 없는 것들의 숫자는 점점 불어난다. 이러한 통제 불가능성과 불확실성이 우리에게 미래에 대한 공포를 자꾸만 주입하려 하지만, 철저히 대비하면 피해를 크게 줄일 수 있다는 것 또한 우리는 역사적 경험으로 알고 있다. 우리와 미래 세대의 건강, 두려움 없는 삶을 위하여 전염병에 대한 다각도의 연구와 투자 그리고 지속적 관심이 필요한 시점이다.

박재준

가수원 오렌지나무 피부과(Orange Clinic) 원장. 신촌세브란스병원 전문의. 경기고등학교와 연세대 의대를 졸업했다. 경기고 재학 당시 영자신문반 활동을 하면서 세계의 다양한 분야에 관심을 갖게 되었다. 생명공학 분야 리서치에도 관심이 있어 미국 하버드 의대에서 올레 아이작슨 교수의 지도로 줄기세포생물학 및 신경과학 분야에서 펠로우십 과정을 마쳤다. 의대 재학 시절에는 의대생 학술분야 1인으로 선정되어 제7회 청년 슈바이처상을 수상했고, 1998년에는 SBS 서암학술장학재단 연구지원금 수혜자로 선정되기도 하였다.

기술

나보다 훌륭한 하인들
본격적인 기계시대의 시작

상상해보라. 당신의 나이는 스물다섯 살. 열 살 나이의 하인 두 명과 함께 살고 있다. 하인 중 한 명인 '컴'은 이동할 수 없고 말도 할 수 없다. 하지만 계산과 기억 능력이 뛰어나 당신의 업무를 편리하게 해준다. 다른 한 명의 이름은 '폰'. 당신 곁에 늘 붙어다니며 정보를 준다. 그러던 어느 날 갑자기 두 명의 하인들이 스무 살쯤 된 것처럼 능력이 향상되었다. 당신이 무엇을 원하는지를 그들이 예측할 수 있게 된 것이다.

'씽'이라는 하인이 새로 들어오면서부터는 하인들 간의 협력도 눈에 띄게 좋아졌다. 심지어는 다른 집의 하인들과도 수시로 소통한다. 이제 하인들의 성장 속도는 당신을 추월했다. 당신은 여전히 한 해에 한 살씩 나이를 더하는데, 하인들은 어느새 서른 살이 되었다. 문제는 당신의 역량이 어느 순간까지는 상승하다가 감퇴를 하게 될 텐데 이들의 역량은 계속 높아질 거라는 점이다. 많은 시간을 함께할 이 존재들은 머지않아 당신이 이해할 수 없는 차원의

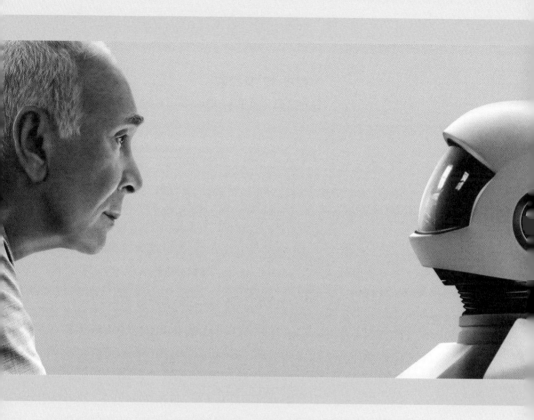

이야기를 할 것이 분명하다.

이 이야기에 등장하는 컴과 폰, 씽은 짐작하듯이 컴퓨터와 스마트폰, 사물인터넷이다. 지금까지 우리가 기계에 맡겼던 일들은 블루칼라의 영역이었다. 그러나 최근에는 화이트칼라의 업무들도 기계적 알고리즘의 영향을 받고 있다. 능력은 대체로 노력한 시간에 비례해 커진다고 우리는 생각해왔다. 하지만 이 생각은 이제 인간 사이에서만 통용된다. 생산성 경쟁에서 나이가 문제되지 않는 기계들이 우위에 설 수밖에 없기 때문이다.

하기 싫은 일이나 맡기려고 들여놓은 하인들이 당신과의 상호작용을 발판 삼아 모든 면에서 당신보다 훌륭해지고 있을 때, 과연 당신은 무엇을 두려워해야 하는가. 우리 생활 속으로 파고들어 우리와 함께 살 준비가 되어 있는 똑똑한 기계들. 그들이 조만간 인간 개개인의 존재 의미에 대해 어떤 물음들을 던지게 될지 함께 생각해보자.

기계, 비서가 되다

| 우리 곁에 가까이 다가선 기계 |

이제 인공지능이 일상 사무의 영역으로 들어온다. 그동안 얼리어답터의 취향 정도로 여겨졌던 인공지능 서비스. 그러나 사무실에서까지 인공지능을 만나게 된다면 우리의 삶에서 그것이 차지하는 비중은 더 늘어나게 될 것이다. 그 기점으로 보이는 것이 2015년 전세계에서 동시 출시된 마이크로소프트의 새 운영체제 윈도10이다. 마이크로소프트는 마치 이 프로그램에 사운이라도 건 듯, 무료 배포를 하며 파격적인 공세를 펼치고 있다. 윈도8에서 사라져 사용자들의 원성이 높았던 시작 메뉴가 윈도10에서 부활했다. 하지만 이보다 더 중요한 변화가

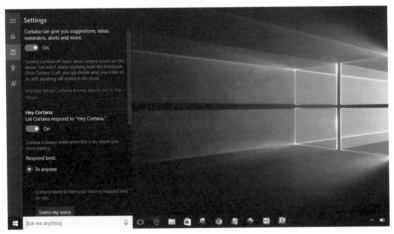

▲ 코타나는 아직 한국어를 지원하지 않지만, 다양한 정보를 수집해 분석할 수 있는 단계에 이르면 서비스를 시작할 계획이다.

있다. 바로 코타나Cortana를 기본 탑재했다는 것이다. 윈도10에는 좌측 하단 윈도 버튼 바로 옆에 하얀 입력창이 있다. 여기에는 "무엇이든 물어보세요Ask me anything"라는 문구가 적혀 있는데, 키보드로 입력하거나 음성으로 질문을 하면 애플의 시리처럼 말로 답한다. 사람이 일일이 했어야 했던 컴퓨터 내부의 문서 파일 분석까지 해주는 이 친구는 탄생부터가 대화상대 그 이상이다. 업무 생산성을 급격하게 높여줄 수 있는 지능형 비서가 우리 곁에 다가온 것이다.

기계들은 웨어러블·사물인터넷의 흐름을 타고 하루가 다르게 우리의 생활 곳곳으로 녹아들고 있다. 일단 애플의 시리가 애플워치, 즉 웨어러블 기기로도 들어갔다. 초기에 시리는 사람들이 말장난을 해보는 대상에 가까웠다. 하지만 이 지능형 비서Intelligent Assistance 서비스는 5년이란 세월이 흐르는 동안 많은 사용자들의 반응을 기록했고, 점점 똑똑해졌다. 그래서 이제는 많은 이들이 손목 위에 이 똑똑한 비서를 얹고 다닌다.

더욱이 샤오미라는 중국 회사 덕분에 우리 가정에 더 많은 스마트 기기가 속속 들어오고 있다. 체중계·정수기·공기청정기·스피커 등 소형 가전 중심으로 스마트 기기 판매량이 급증하고 있다. 샤오미 계정을 만들고

▲ 샤오미는 사물인터넷을 통해 사용자의 데이터를 축적하고 있다. 사진은 스마트폰과 연동해 사용자의 운동량과 수면 패턴 등을 분석해주는 샤오미의 미밴드.

앱을 다운받은 사용자들은 사물인터넷을 통해 샤오미 플랫폼에 데이터를 축적해나간다.

새로운 디지털 기계들은 사람의 옆자리를 한번 차지하면, 웬만해선

▲ 사물인터넷은 케빈 애슈턴이 RFID를 상품의 물류관리에 사용하면서 처음 언급되었다. 사진은 RFID를 들고 있는 케빈 애슈턴.

그 자리를 다시 사람에게 빼앗기지 않는다. 그 이유는 앞으로 다가올 모바일과 사물인터넷 세상의 초연결적 특성에서 찾을 수 있다. 사물인터넷은 1999년 P&G에서 일하던 케빈 애슈턴Kevin Ashton이 모든 상품에 RFID를 부착하여 상품의 물류를 관리하는 기술에 대해 설명하면서 처음 언급되었다. 이후 한국전자통신연구원ETRI에서는 사물인터넷을 "지능화된 사물들이 연결되어 형성되는 네트워크상에서 사람과 사물(물리 또는 가상), 사물과 사물이 상호 소통하고 상황 인식 기반의 지식이 결합되어 지능적인 서비스를 제공하는 글로벌 인프라"라고 정의했다. 이 정의에서 중요한 단어는 '사물, 네트워크, 결합, 인프라'이다. 컵·냉장고·신발 등의 사물이 인터넷에 연결되어 하나의 네트워크를 구성하고, 그것이 새로운 발전의 인프라가 된다는 것이다. 즉 비콘처럼 네트워크에 연결되지 않더라도 주변을 센싱해 정보를 발송할 수 있는 장치는 사물인터넷이라고 부르기보다는 스마트 기기라고 부르는 게 좋다. 사물인터넷은 클라우드에 모인 빅데이터를 처리해 지속적인 상태 변화를 일으킨다. 이것이 사물인터넷이 가진 파괴력의 근본이다. 인간은 스스로의 생활 기록을 가지고 지속적으로 발전하기가 힘들지만, 다가올 세상은 모든 이의 기록을 가지고 매일 발전해나갈 것이다.

자신을 더 많이 이해하고 도와주는 존재가 기계일 때, 인간은 여전히 자신을 도와줄 존재로 인간을 선택할 수 있을까? 구글의 상황 기반 지능형 비서 서비스인 구글 나우Google Now는 자신들의 소개 문구에 '이메일·사진·저녁 약속 등에 관한 정보를 찾고 정리하여 즉각적으로 도움을 주는 면에서 최고'라고 적었다. 현존하는 정보를 수집해 정리하고 맞춤형으로 답하는 기능은 무한 경쟁을 하면서 점점 우리 곁에 가까이 다가오고 있다. 사람과 사람 사이에서 기계들의 수와 자리는 날로 커지는 중이다.

심판을 심판하는 호크아이 기술
| 인간이 동경하는 영역에 진입하다 1 |

2010년 남아공 월드컵 16강전에서는 독일과 영국이 맞붙었다. 두 골을 내주며 지고 있던 영국이 슛을 시도했다. 공은 골대를 맞고 안쪽으로 향했지만 순식간에 독일 골키퍼의 손에 잡혔다. 현장에 있던 심판은 득점이 아니라고 판정했다. 하지만 텔레비전으로 중계된 느린 화면에서는 공이 골라인을 넘어선 장면을 볼 수 있었다. 그로부터 4년 후인 2014년 브라질 월드컵에는 소니에서 구현한 호크아이라는 기술이 도입되었다. 이전의 유럽축구연맹은 골대 바로 옆에 심판을 추가로 배치해 공이 골라인을 넘어갔는지를 확인하게 했었다. 하지만 국제축구연맹은 32억 달러라는 막대한 수입을 올리는 월드컵 대회에서 득점 논란을 완전히 불식시키고자, 인간이 하던 심판의 역할을 기술로 하여금 대신하게 했다.

호크아이는 여러 각도에서 초고속 촬영한 사진들을 종합해 공의 궤

▲ 호크아이 기술은 여러 각도에서 촬영한 사진을 종합해 공의 궤적을 분석해낸다. 바야흐로 평가자였던 심판이 평가를 받는 시대가 된 것이다.

적을 분석해주는 기술로, 테니스에서는 2006년부터 사용되었다. 기실 21세기 들어와서는 많은 스포츠 종목에 비디오 판독 기술을 비롯한 심판 보조 혹은 대체 기술이 도입되었다. 비록 최종 판단은 사람이 하는 것이지만, 사람의 눈으로 포착하기 힘든 세밀한 움직임을 잡아내는 비디오 판독은 야구와 배구에서도 분위기 반전을 위한 유용한 카드가 될 정도로 일상화되었다. 태권도 또한 판정 시비를 없애기 위해 전자호구를 도입했다. 평가자였던 심판이 평가받는 시대가 온 것이다.

사람을 심판한다는 것은 인류 대대로 내려오는 고귀한 직역이었다. 솔로몬 이래로 사회제도는 수없이 바뀌었지만 판사의 역할을 하는 사람들은 늘 최고의 대우를 받아왔다. 솔로몬은 판단에 있어 자신 외에 그 누군가를 필요로 하지 않았다. 현대에 와서는, 판단을 하는 인간에 대한 불신을 기술로 해소하는 상황이 되었다. 심지어 법적 판단의 영역에도 곧 기술이 도입될지 모른다. 로봇이 판결문을 만들고, 판사의 오류 혹은 판사 간의 판결 불일치를 해결하기 위해 대규모 데이터베이스를 구축·점수화하여 피드백하자는 사회제도의 논의도 있었다. 이러한 제도들은 인간 사이의 갈등을 없애는 데 크게 일조할 것이다.

왠지 헛헛한 기분이 들지 않는가. 약간의 부정확함도 인정하지 않는 시대가 되어갈수록 인간이 할 수 있는 의미있는 경험의 폭은 작아질 수밖에 없다. 영화 〈친구〉의 한 장면을 떠올려보자. 네 친구는 조오련과 바다거북 가운데 누가 더 빠른지를 두고 입씨름을 한다. 스마트폰이 있었다면 즉각 검색을 해서 답을 찾아내려 했을 것이다. 하지만 그들은 나름대로의 답을 냈고 각자의 차이를 발견한 후에도 즐겁기만 하다. 서로가 다르다는 것을 우위의 기준 혹은 피해의 원인으로 여기지 않는 태도는 우리 사회의 정서적 보호막이다. 그런 여유 공간을 유지하지 않은 채로 기계 알고리즘만을 지속적으로 만든다면 사람이 설 자리는 없게 된다.

오심도 경기의 일부라는 말이 있다. 1986년 멕시코 월드컵 8강전에서 아르헨티나와 잉글랜드가 맞붙었을 때 마라도나의 손을 맞고 골대 안으로 들어간 공은 오심

▲ 1986년 마라도나가 잉글랜드를 상대로 넣은 골은 사실 손에 맞은 것이었다. 기술의 발전은 인간 특유의 불확실성과 그로부터 생겨나는 즐거움을 상당 부분 차단할 것이다.

덕분에 골로 인정되었고, 이 이야기는 수십 년 동안 회자되었다. 이런 이야기는 사람이 만드는 불확실성이기 때문에 재미있는 것이다. 하지만 기술의 발전은 이런 이야깃거리를 차단해버릴 것이다. 정확도를 높이는 기술을 개발해감에 있어서, 우리는 앞으로 이러한 측면들도 함께 고려해야 할 것이다.

미래를 예측하는 기계

| 인간이 동경하는 영역에 진입하다 2 |

과연 기계가 미래를 예측할 수 있을까? 독일의 어느 수족관에 살던 문어 파울은 2010년 남아공 월드컵 기간에 독일 축구 국가대표팀의 승패를 정확하게 예측해 유명해졌다. 하지만 파울은 대회가 끝난 뒤 생을 마쳤다. 2014년에도 월드컵이 열렸다. 이번에도 결과를 맞추겠다고 나선 존재가 있었지만 파울 같은 생명체는 아니었다. 구글은 대회 16강 모든 경기 결과를 빅데이터 분석을 통해 예측했으며, 이는 모두 적중했다. 하지만 8강부터는 예측이 빗나가기 시작했다. 경쟁사인 마이크로소프트의 검색엔진 빙Bing은 4강 결과까지 예측해냈다.

두 회사는 검색 엔진을 만들면서 방대한 자료를 수집했고, 이를 근거로 분석 도구를 만들었다. 분석 도구는 단순 계산 수준을 넘어 지식까지 갖추었으며, 사람의 능력 이상의 역할을 할 수 있게 되었다. 이러한 알고리즘은 기업의 막대한 R&D를 통해 태어난 산물이지만, 그럼에도 여전히 사람의 조율 작업을 상당 부분 필요로 한다.

예측하는 능력은 우리 사회에서 최고의 대우를 받아왔다. 선지자라 불리는 이들은 종교를 만들고 이끌어나갔다. 타로 등 미래를 알려주는 점 문화는 기술의 발달과 상관없이 언제나 흥성해왔다. 불확실성을 조금이라도 해결할 수 있다면, 사람들은 열광하며 의지하고 기꺼이 돈을 낸다. 조금 더 과학적으로 미래를 예견하는 일을 하는 사람들도 굉장한 권위와 부를 누려왔다. 대표적인 것이 컨설팅으로, 미래의 산업 흐름을

▲ 예측하는 능력은 사회에서 최고의 우대를 받는다. 그런데 이제 대부분의 분야에서 알고리즘이 더 우세한 통찰력을 보이고 있다.

예견하고 그에 맞는 방향을 제시하는 역할을 하면서 최근까지 큰 호황을 누렸다.

그러나 이제 대부분의 분야에서 알고리즘이 더 우세한 통찰력을 보이기 시작한다. 맞춤 조언은 그동안 일부 뛰어난 영업사원들만이 할 수 있었던 일이지만, 패턴 인식기술 덕분에 이제 모든 사용자가 상품 추천 기능을 제공받을 수 있게 되었다. 그 정확성은 때때로 사람들을 놀라게 한다. 온라인 커머스나 소셜 미디어에서 자동으로 추천되는 상품과 콘텐츠는 도대체 무엇을 근거로 했는지 물어보고 싶을 만큼 무섭도록 사람들의 취향에 근접하고 있다. 더욱이 최근에는 어떤 작동원리인지 정확히 설명할 수 없지만 결과적으로 엄청나게 정확한 예측 결과를 보여주고 있는 딥 러닝과 같은 머신 러닝 기제들이 나타났다. 이는 현재 전 세계 대형 IT기업들이 필수로 갖추어야 할 역량이 되었다. 또한 그 인기만큼이나 빠르게 오픈소스화 · 플랫폼화 되어 보편화될 것으로 보인다. 이로 인해 외부 전문가 그룹에 미래에 관한 조언을 구하던 전세계

기업들은 속속 자신만의 빅데이터 팀을 구성하고 있다.

오래된 수사 드라마에서는 여러 가지 상황 단서를 가지고 범인을 프로파일링해가는 과정에서 중요한 역할을 해내는 선배의 모습을 보여주곤 했다. 어설픈 주인공을 쥐어박으며 경험을 토대로 한 조언을 아끼지 않는 선배 캐릭터들은 멋지고 든든해 보였다. 그러나 앞으로의 수사물에서는 이런 장면을 찾아보기 힘들지 모른다. 디지털로 정리만 잘되어 있다면 과거의 경험을 종합한 판단은 기계가 더 훌륭하게 해낼 수 있다. 누가 더 훌륭한 통찰력을 갖추었는가? 누가 우리의 멘토인가? 점점 이 질문에 마음 편히 답하기 어렵다.

창조하는 인공지능
| 인간이 동경하는 영역에 진입하다 3 |

얼마 전 소셜 미디어에서는 구글이 만든 인공지능 알고리즘인 딥 드림Deep Dream의 개발 소식이 활발히 공유되었다. 고흐·뭉크·피카소 등 세계적인 아티스트의 화풍을 자신이 원하는 이미지에 적용할 수 있는 기술이 개발된 것이다. 심지어 코딩을 할 줄 안다면 누구나 적용해볼 수 있다.

또 지난 8월 예일 대학교의 개발자 도냐 퀵Donya Quick은 쿨리타Kulitta라는 인공지능 프로그램을 가지고 한 가지 실험을 했다. 쿨리타가 바흐의 작품을 토대로 작곡한 곡과 실제 바흐의 작품을 100명에게 들려준 후

▲ 독일 튀빙겐 대학교에서 박사과정을 밟고 있는 레온 가티스를 비롯한 연구진이 컴퓨터 알고리즘을 활용해 만들어낸 유명 화가들의 화풍을 모사한 그림들. 1은 원본사진이며 2는 터너의 화풍을 모사한 것, 3은 빈센트 반 고흐의 화풍을. 4는 뭉크의 화풍을. 5는 피카소의 화풍을. 6은 칸딘스키의 화풍을 모사한 것이다.

어느 곡이 인간의 것이고 어느 곡이 소프트웨어의 것인지 구분하게 한 것이다. 어떠한 결과가 나왔을까? 대부분의 사람들이 쿨리타의 작품을 바흐의 것으로 생각했다. 이제 기계는 사람의 음악을 흉내낼 수 있을 뿐 아니라 스스로 음계를 조합해 창조할 수도 있게 되었다.

유머나 재치와 같이 미리 넣어놓지 않은 답을 구성할 줄 아는 능력을 창조력이라고 본다면, 기계가 창조적 능력을 지니기 시작한 것은 사실 아주 최근의 일도 아니다. 2011년 애플 본사에 스티브 잡스와 임원들이 새로운 아이폰의 핵심 기능을 시험하기 위해 모였다. 홈 버튼을 길게 누르자 음성 명령을 입력하라는 화면이 나왔고, 잡스는 질문을 던졌다. "너는 남자니, 여자니?" 주변 모두는 긴장했다. 제대로 답하지 못한다면 이른바 잡스 테스트를 통과할 수 없고, 출시는 뒤로 밀리게 될 것이었다. 바로 그때 아이폰에서는 "저에게는 성별이 부여되지 않았습니다"라는 대답이 흘러나왔다. 잡스는 만족했고, 이 기능에는 시리Siri라는 이름이 붙었다.

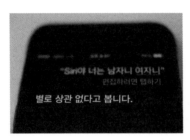

▲ 자신에게는 성별이 부여되지 않았다고 답하던 시리는 학습을 거친 결과 이제는 다른 대답을 한다.

우리는 오래 전부터 창조가 인간만의 영역이라고 생각하며 살아왔지만, 이제 기계들을 위해 자리 한 켠을 내주어야 할 것이다.

움츠러드는 인간 경제에 대해 생각해야 할 시간

| 인간의 존재 의미를 잃게 된다면? |

이런 관점에서 인간이 만드는 경제 생태계가 얼마나 축소되고 있는지 진지하게 고찰해볼 필요가 있다. 경제는 거래를 기본 개념으로 하는데, 경제 생태계에서 당신에게 바라는 것이 점점 없어진다면 어떠한 기분이 들겠는가? 실제로 설문을 통해 사람들에게 스스로가 언제 쓸모없게 느껴지는지를 물으면 일과 관련된 답변이 가장 많이 나온다. 내가 없는데 일이 마비되지 않고 잘 돌아갈 때, 젊은 사람을 따라갈 수 없을 때, 젊음을 바쳐 일한 직장에서 퇴직하고 집에서 쉴 때, 일할 수 있는 자격이 주어지지 않을 때, 또 노력한 만큼 성과가 나오지 않을 때 사람들은 스스로를 돌아본다.

더욱 심각한 문제는 우리가 기계에 생각없이 반응할수록 존재의 의미에 대해 고민할 시간적 여유가 빠르게 줄어들 것이라는 사실이다. 아직 기계 알고리즘은 한참 더 학습을 해야 하는 과도기를 통과하는 중이다. 현재는 우리로부터 '넌 잘하고 있지 못해'라는 피드백만 주로 받고 있다. 그러나 아무것도 놓치지 않고 흡수하는 기계는 우리가 만지고 움직이고 멈추는 모든 디지털 흔적을 입력신호 삼아서 발전한다. 어떤 인간 비서도 그만큼의 노력은 해주지 못할 것이다. 그 결과 어느 사이엔가 우리는 기계에게 '예, 예, 예'를 반복하고 있는 스스로를 발견할지도 모른다. 바로 그 시점에 기계는 완벽해져 있을 것이고, 그때가 바로 인간 기반 경제에 관해 새롭게 정의할 순간이다.

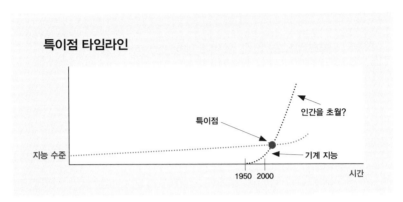

특이점 타임라인

특이점

인간을 초월?

지능 수준

기계 지능

1950 2000

시간

▲ 미래학자 레이 커즈와일은 2045년이면 기계가 인간의 지능 수준을 초월할 것이라고 이야기한다. 이 지점을 특이점이라 부른다.

인간은 여전히 책을 들여다보며 공부를 한다. 그런데 인간이 이러한 방법으로 공부를 하는 동안 기계는 파일 자체를 통째로 가져다 소화하고 영원히 기억하게 될 것이다. 기계는 외모 · 연애 · 대기업 취직 등에도 신경쓰지 않는다. 철저히 생산성 위주로 진화해가는 기계 그리고 무인화 사회의 위협은 우리의 모든 행동을 변화시킬 것이다. 나이를 불문한 모두가 이 문제에 대해 생각해봐야만 엄청난 변화 속에서 자신의 가치를 지켜나갈 수 있을 것이다.

이 문제는 양극화의 담론이라기보다는 국가경쟁력의 문제에 가깝다. 지금 국내 기업 대부분은 인공지능 등에 대한 대비가 충분치 않다. 앞서 소개한 엄청난 능력의 기계들은 많은 이들에게 쉽게 소유될 수 없고, 이제 국가도 학계도 예전처럼 주도나 통제를 할 수 없는 글로벌 기업 중심의 사회로 바뀌어가고 있다. 물론 그러한 기업들도 레이 커즈와일이 이야기하는 1:99의 사회를 의도한 것은 아니다. 전체를 생각할 겨를 없이 연구하고 경쟁하는 것을 방관하는 사회 분위기가 상황을 여기까지 오게 한 것이다. 지금과 같은 흐름이 가속화될 것이 분명하므로, 밸런스에 대한 논의를 더 이상 미뤄서는 안 된다. 그리고 이러한 논의를 가급적 대한민국이 주도해나가기를 희망한다.

우리는 답을 찾을 수 있다. 인류는 숱한 문제들에 직면했을 때 지혜를 모아 답을 찾고 시스템을 창조했다. 물론 과거와 달리 인간이 흐름을 완전히 지배하지 못할지도 모른다. 또한 현실을 온전히 이해하기 위해 노력하는 것보다 영향을 받는 것이 차라리 마음 편할지도 모른다. 그러나 인간다운 선택을 하기 위해서는 우리가 마주한 현실의 문제를 풀기 위해 서로 힘을 합쳐야 할 것이다.

김윤이

옐로금융그룹 이사. KAIST에서 뇌공학 및 응용수학을 전공하고, 하버드 케네디 스쿨에서 공공정책학 석사학위를 받았다. 외교통상부, OMNIOM 계열 컨설팅회사를 거쳐 데이터시각화·인지과학 등에 특화된 뉴로어소시에이츠사를 설립하였다. 뉴로어소시에이츠사는 실시간 인포그래픽·데이터디자이너 등 새로운 개념을 창조하며, 금호·중앙·SK·코오롱·암웨이·제일기획·보건복지부·문화체육부·검찰·서울시·경기도·제주도 등 다양한 기관을 상대로 혁신적인 프로젝트 및 컨설팅을 수행해왔다. 현재 경희사이버대학교 겸임교수직을 맡고 있으며, 문화체육관광부 자문위원, 한국도로공사 데이터공모전 심사위원, Orange사 아시아팹 멘토위원으로 활동하고 있다. 법률분야 베스트셀러 《법률영어 핸드북》을 집필했다.

1부 경제 생태계를 바꾸는 특이점

경제 | 신경제가 가져온 새로운 여행법

1. https://www.pwc.com/us/en/technology/publications/assets/pwc-consumer-intelligence-series-the-sharing-economy.pdf

2. 제레미 리프킨 지음, 안진환 옮김, 《한계비용 제로 사회》, 민음사, 2014.

3. https://www.airbnb.com/users/show/2034545

4. http://sungmooncho.com/

5. 레이철 보츠먼 · 루 로저스 지음, 이은진 옮김, 《위제너레이션》, 모멘텀, 2011.

6. https://www.gov.uk/government/news/measures-to-boost-sharing-economy-in-london

http://www.parliament.uk/business/publications/written-questions-answers-statements/written-statement/Commons/2015-02-09/HCWS267/

https://www.gov.uk/government/publications/sharing-economy-government-response-to-the-independent-review

7. https://www.amsterdam.nl/publish/pages/707219/infographic-engels.pdf

https://www.amsterdam.nl/publish/pages/707219/schedule_rules_on_renting_out_to_tourists.pdf

8. "You'll No Longer Be Breaking the Law Renting on Airbnb", *NBC 10 Philadelphia*. N.p., 19 June 2015. Web. 04 Oct. 2015.

모바일 | 모바일 시대의 시작

1. 김서영, 〈국내외 신유형 지급결제 서비스 현황과 시사점〉, 《지급결제와 정보 기술》 제51호, 금융결제원, 2013.

빅데이터 | 빅 소셜 데이터를 주목하라

1. Won-Yong Shin, Bikash C. Singh, Jaehee Cho, André M. Everett, "A New Understanding of Friendships in Space: Complex Networks Meet Twitter", *Journal of Information Science*, 2015.

금융 | 핀테크, 디지털시대의 새로운 금융 패러다임

1. 이런 관점에서 보면 왜 이렇게 결제 서비스에 너나할 것 없이 뛰어드는지 이해될 만하다. 매일같이 다수로 일어나고, 시간과 위치까지도 결합되는 결제 '행동'의 데이터는 우리 사회의 여러 데이터 중에서도 특히나 매력적이다. 결국 지급은 직접 하지 못하더라도 결제서비스 플랫폼으로서의 패권만 잡으면, 그 패턴을 분석해서 독창적인 서비스를 개발해낼 수 있다는 점에서 도전을 할 가치는 충분할 것이다.

교육 | 세계는 왜 코딩에 주목하는가

1. 미국의 경우에는 주마다 교육과정이 다르다. Code.org에 따르면 27개 주에서 컴퓨터과학이 고등학교 졸업 학점으로 인정된다고 한다.

2. 안성진, 〈IT인재 육성을 위한 교육 정책〉, 《IT 미래비전 포럼 7차 자료집》, 2013.
김현철, 〈초중등 SW/정보교육의 현황과 문제점〉, 《제112회 교육정보화 수요포럼 자료집》, 한국교육학술정보원, 2014.

2부 특이점과 마주한 사회

정책 | 똑똑한 정부가 필요하다

1. http://freakonomics.com/2015/03/13/when-willpower-isnt-enough-a-new-freakonomics-radio-podcast/

2. https://hbr.org/2015/09/why-the-u-s-government-is-embracing-behavioral-science

3. Alan B. Krueger, "Experimental Estimates of Education Production Functions", *Quarterly Journal of Economics*, 114(2), 1999.

4. Cass R. Sunstein, *Simpler: The Future of Government*, Simone&Schuster, 2013.

5. 위의 책.

6. Katrin BennHold, "Britain's Ministry of Nudges," *The New York Times*, December 7th, 2013.

7. https://www.gov.uk/government/organisations/behavioural-insights-team

현재는 사회적 기업으로 독립해서 영국 내각과 파트너십을 체결해서 정부 정책에 조언을 주고 있으며 홈페이지 주소는 다음과 같다. http://www.behaviouralinsights.co.uk

8. Ron Haskins and Greg Margolis, *Show me the Evidence: Obama's Fight for Rigor and Results in Social Policy*, Washington D.C.: Brookings Institute, 2015.

9. https://www.whitehouse.gov/the-press-office/2015/09/15/executive-order-using-behavioral-science-insights-better-serve-american

10. https://www.whitehouse.gov/sites/default/files/microsites/ostp/sbst_2015_annual_report_final_9_14_15.pdf

11. http://www.nytimes.com/upshot/

사회적 기업 | 기업, 소셜벤처를 맞이하다

1. 기업의 지원이 끊길 경우 소외계층에 대한 손길 역시 끊길 수 있는 사회공헌의 특성상 지원 중단을 결정하기 어렵다. 하지만 한번 시작한 사업을 영원히 수행할 수도 없기 때문에, 요즘 기업들은 후원을 결정하기 전에 언제까지 얼마를 지원해야 하는지를 알고 싶어 한다.

교육 | 21세기 교육의 혁명적 전환, 무크

1. https://www.edx.org/about-us

2. https://www.udacity.com/us

3. https://www.coursera.org/about/

도시 | 로컬로의 귀환

1. 권태환·윤일성·장세훈 지음, 《한국의 도시화와 도시 문제》, 도서출판 다해, 2009.

2. 남원석·이성룡, 〈마을 만들기, 성공의 조건〉, 『이슈&진단』 47호, 경기개발연구원, 2012.

3. 정석 지음, 《나는 튀는 도시보다 참한 도시가 좋다》, 효형출판, 2013.

4. '70대 어르신들의 마을 만들기, 농촌공동체 새길 열다', 한겨레신문 2013년 8월 20일 자 기사

5. 최옥채 외 지음, 《좋은 지역사회 만들기》, 현학사, 2003.

의학 | 전염병의 시대, 우리는 준비되어 있는가

1. http://www.foxnews.com/tech/2015/03/20/researchers-create-online-simulator-for-ways-to-avoid-zombie-outbreak.html
2. http://www.maa.org/press/periodicals/loci/joma/the-sir-model-for-spread-of-disease-the-differential-equation-model
3. http://www.lanl.gov/
4. http://www.gleamviz.org/

※ 생각정원 네이버 블로그(blog.naver.com/3347932)에서 URL을 쉽게 찾아가실 수 있습니다.

빅픽처2016

지은이 | 김윤이, 김대식, 박재준, 송경희, 신원용, 유혜영, 이보인, 이상현, 이재연, 이효석, 임동균, 하은희
편집 | 김윤이

초판 1쇄 발행일 2015년 11월 2일
초판 2쇄 발행일 2015년 11월 20일

발행인 | 박재호
편집 | 김준연
종이 | 세종페이퍼
인쇄·제본 | 한영문화사

발행처 | 생각정원 Thinking Garden
출판신고 | 제 25100-2011-320호(2011년 12월 16일)
주소 | 서울시 마포구 동교동 165-8 LG팰리스 1207호
전화 | 02-334-7932 팩스 | 02-334-7933
전자우편 | pjh7936@hanmail.net

ⓒ 김윤이 외 11인 2015 (저작권자와 맺은 특약에 따라 검인은 생략합니다)
ISBN 979-11-85035-30-7 03320

만든 사람들
기획·편집 | 박재호 김준연
교정교열 | 김정희
표지 디자인 | 이석운·김미연
본문 디자인 | 김경년